日本人の為の成功哲學

モンテカルロ 創業者
森田 塾 代表
森田 浩市

南々社

まえがき

「人生は少しも難しくない」。67年間生きてきた私の結論です。

今、あなたはどんな気持ちで毎日を生きておられますか？　誇りをもって明るく元気に幸福に生きておられますか？　ひょっとしたら、自信が持てず、いろいろと問題を抱え、そして悩み、元気を失い、暗い気持ちで生活しておられませんか？

一度きりの人生です。できれば、元気いっぱい、幸せで明るい人生を送りたいものです。自分の人生は自分でしか改善できません。意義ある生き方にするか、流れに任せ波乱の人生にするか――。それはあなたの考え方次第です。本書を熟読して、実行に移し、これからの人生を輝かしいものにしてほしい、と切に願っております。

私は2010年1月、第1弾の著書『中高校生の成功哲学』を出版し、各方面から大反響をいただきました。とてもありがたく、喜んでおります。

その後、多くの方たちから、”大人向け“にも是非、成功哲学の本を出してほしいとの要望を頂戴しました。そこで、第2弾として『日本人の為の成功哲學』を出すに至りました。

前著は「学生の皆さん、このような考え方で頑張ってください」との立場で構成しました。本書では文字通り、**大人として成功を勝ち取るためにはどうすればよいか、社会人として求められる姿勢・実践を具体的に掘り下げました。**社会づくりに貢献し、明るく元気で幸福な人生を切り拓くための指針・行動を、やさしく書いています。人生には、同時進行でやっておかなければいけないことも、たくさんあります。そこで、後悔しないための知恵も盛り込みました。

簡単なことばかりです。手に取るようにお分かりいただけることと思います。「人生は少しも難しくない」と、納得なさることでしょう。

20代から50代の第一の人生、60代以降の第二の人生、老後も視野に入れて生きたいものです。**長い"人生時計"をしっかり計画に組み込んで着実に実践し、仕事面、家庭生活、個人の生き方を高いレベルでバランスよく保っていきましょう。**

本書に記したルール・考え方を身につけて前向きに取り組み、人生を光り輝くものにしてください。それが、人生の成功者への道なのです。

輝いて生きるための要件を、「〇〇の力」というタイトルで全11章にまとめました。「11の力」を強め、自己を変革して生きることで、全てが良い循環に変わり、トータルで光輝く成功者としての人生が拓かれるのです。

詳しくは124の各項をお読みいただくとして、その前に、人生を成功させるための11の必須条件を簡潔に列記しておきます。

1　**有徳の力**…　自分の命を大切にし、他人に喜びをプレゼントし、社会の健全な発展に貢献する

2　**成功の力**…　夢を持ち、人の期待に応え、多くの人と協力して、社会のお役に立つ

3　**運の力**…　何事も良くなるチャンスと捉え、感謝の心を育て不平不満を言わない

4　**エネルギーの力**…　生きていくためのエネルギーを人からもらい、自分でエネルギーをたくさんつくる

5　**心の力**…　心が全てをコントロールしている。そこで自分の心を自在に使い人生を前向きに生きる

6　**創る力**…　一度きりの人生。計画的に生き、アイデア・工夫で勝負。改善改革で成果を挙げる

7　**人間関係の力**…　多くの人と仲良くして協力体制を作り、信頼の絆を結ぶ

8　**自己実現の力**…　人生は山あり、谷あり、まさかの坂あり。徹底努力し、喜んで試練を乗り越え成果を出す

9　**器量の力**…　多くの人の力を借りて、多くの人の支持を集める

10　**幸福の力**…　些細なことにも喜び、人生を健康に、そして幸福に生きる

11　**人生を創る力**…　心を前向きに使う。成功するもしないも自分の意思。良い人柄を育て「人生を成功させよ」

いかがですか？　どなたにも出来ることばかりですね。これまで実践していなかった方は、ここに挙げた**「11の力」を勉強し実践していただければ、見違えるような人生に踏み出せます。**「人生が輝き始める」――。そう確信を持って言えます。

努力し続けることがいかに大切か。詳しくは後に譲りますが、**1%の努力と1%怠けるのは、7倍の差にもなります。**善いことをし続け、習慣にすることの大切

さが分かります。朝起きて寝るまでの一日をいかに正しいルールにのっとり大切に生きるか、が問われています。**善なる心・行動の積み重ねが、人生の年輪をつくり、人生を成功へと導いていくのです。**

「運が悪くてね～」と、ぼやく人がいます。そんな人には、運が好転するポイントも記しています。かいつまんで、三つ紹介しておきます。まず、**何が起きても良くなるチャンスと捉えてください。**そうすれば、問題を克服します。次に、**人間としての根を大切にしてください。**それは多くの先祖からいただいたＤＮＡ（命）のリレーを大切にすることです。三つ目に、**悪いことはすぐにやめてください。良いことを実行し習慣にすることです。**そうすれば、幸運が味方に付いてくれます。

日本では、天の道に沿って正しく生きれば、ありがたいことに輝く人生が描けます。日本人に生まれてよかったと、しみじみ思う毎日です。しかし、今や、その日本の素晴らしさが失われてきています。その悪い流れに、あなたは決して乗らないでください。人生を価値あるものにするため、**有徳の道、天の道を正しく**

歩んでください。

成功哲学・ルールに沿って毎日を前向きに生き、良い習慣をたくさん身に付けることにより、どんどん良い方向へ人生を描いて行けるのです。あなたも素晴らしい人生が創れるのです。人生に陰と陽の分岐点があるとするならば、本書を陽へ向かう起点にしてください。

お読みになって大切と思われた箇所には、必ず傍線を引いておいてください。翌日以降、その箇所を何度も読み返す。数か月後、再度全てを熟読し、傍線を入れる。そしてまた、その傍線を入れた箇所を何度も読む。そのような読み方をすることで、次第に自分の目指す方向・改善項目が固まり、変革へのきっかけが出来るのです。ただし、気を入れて読まないと、心に染みていきません。

一度さらりと読んだくらいでは、人生は変わらないのです。成功の理論を知ったレベルでは、何にもなりません。**理論を実行し習慣として身に備わって、初めて実を結ぶのです。**知っていることと、出来ることは違います。より多くの素晴らしい習慣が出来てこそ、人生はドンドン変わるのです。

出来るも出来ないも、全てあなたの心がけにかかっています。

難しいと思えば、難しい。出来ると思えば出来てしまう。そうさせるのは、あなたの心です。心のコントロールは、あなたにとって自由自在。他人があなたの心を変えるのは難しいのですが、自分の心なら、どうにでもなるのです。

言うは易く行うは難し、とはいいますが、実行しなければ始まりません。**その気になれば、人生は少しも難しいものではないのです。**本書が、新境地を拓く大きな一歩になれば、これにすぐる喜びはありません。

もくじ——日本人の為の成功哲學

第三章 運の力

第四章　エネルギーの力

第六章 創る力

第九章 器量の力

第十章　幸福の力

編　集／小沢　康甫
装　丁／木林　創
デザイン工房 桜　平田　宗典
DTP／K・PLAX　角屋　克博

第一章

有徳の力

01 天の道

有徳の人は、望みどおりの人生が歩めるのです。あなたはいかがでしょうか、何事も叶うラッキーな人でしょうか？

幸運を招くのは、天の意思に逆らわず天の意思に同調する人なのです。天とは、この自然をおつくりになった神様、サムシンググレートを指します。天の意思に沿う生き方とは、神の意思の伝道者としてこの世に出現された聖人の教えに従うこと。聖人は、どんな時代にあっても人間が生きる上で最も大切な「真理」をお教えくださっているのです。

天はこの地球を善なる方向へ導き、善なる者を評価され、悪しき者は排除され、そして時代が進歩してきました。時代は常に正しい道を歩む人を称え、私たちは徐々に今の近代文明・文化を手に入れてきました。人間のなかにある自己中心的で醜い欲望を抑え、より社会的な善の追求をした歴史が現代文明を育ててきたのです。そんな神の意思に沿い、世の中を善なる道へ向かわせることを「天の道」

といいます。

我々人間は、何事も自分に都合の良いように解釈し、また**自分勝手な理屈を立てて生活しております。だから、なかなか運に恵まれないのです。天の道に叶うことを実行すれば、運は良くなるのです。**人生を生きるには、問題がいろいろと起きてきます。しかし殆ど自分の損得や好き嫌い、都合で判断してしまいます。

問題解決の方法を間違えれば、問題はより悪化します。問題に突き当たったときは、天の道を理解されている見識ある先生、両親、先輩に相談し、事に当たれば正しい解決が図れます。自分勝手な狭い考えでは、上手く処理出来ないことが多いのです。やはり聖人の教え、天の道に合致しているかどうかが、大きな判断基準です。

私は、ある先生から次の言葉を贈られました。「自己の存在感を天の位置に置け」。大変、重い言葉です。そんなことは、とても私には無理とも思いましたが、その後、何をするにもこの言葉を思い出し、実践するよう心がけてきました。天の位置で考え決断する、自分勝手な判断は控える――。そう常に自分に言い聞かせてきました。すると不思議なことに、あらゆることが良い方へ好転していくのです。
聖人はどうお考えになるだろう？　先生、先輩はどう判断されるのだろう？　素直な心で検証してきました。先生や先輩に相談すると、間違いのない判断が出来て、運の良さを噛みしめることになりました。

天の道は、生涯をかけて学ぶものです。今の世の中は、聖人の教え・道徳教育を怠ったことから悲惨な事件が多発しています。また、私益を優先する風潮が多くの人を苦しめています。**聖人の金言や、人としての道をどう人生に活かしていくか、私たち自身が問われています。**

02 善の心

運の力を増幅させる諺があります。「積善《せきぜん》の家には必ず余慶《よけい》あり、積不善《せきふぜん》の家には必ず余殃《よおう》あり」。善い事を実行する家には喜びがどんどんやってきます。悪い事はしないが善い事もしない家、悪い事を重ねている家両方ともに将来、災難が降りかかる、というのです。**善の心を育て、善なる行動を起こし、社会を利し、多くの人たちに喜んでいただく。**その心がけを説いています。自分中心の悪い心は簡単に起きますが、善の心は起きにくいのです。ゆえに善の心を強く育てなければいけません。

有徳の力を増幅させるには、あらゆることへ善の心を使い、善なる行動を起こすことが大切なのです。

有徳の心の第一歩は、この世に生を受けたことに感謝することです。**尊い命をいただいたことに素直に感謝する。そしてお返しの心を育てる。**おびただしい数の先祖がいて、自分の今があるという事実。この世に生まれただけで、大きな借りがあるのです。借りたらお返しする。それは人として当然の務めです。ところが、理解されていない。感謝の心がないから、あちこちでトラブルが起きるのです。

私たちは多くの人に教わりながら、成長していきます。教えていただいたことへ素直に感謝する心も欠かせません。誰の世話になったこともないと、ぬけぬけと言い放つ人がいます。本当にそうでしょうか？　先人・先祖・両親・先生・上司など、多くの人にいろいろなことを教わったから、今の自分があるのです。今の考え方が出来ているのです。

有徳は、そのような多くの人との関わり合いを自覚し、命を授かったことに、自然界のなかで生きていることに、素晴らしい社会で生活させていただいていることに感謝することで備わっていくものです。恩恵をいただいて今があることを自覚し、どうお返しを実行するかが、とても重要です。そんな心がけ・心遣いを「有徳の心」といいます。

ただし、善いことは勇気を出さないと実行できません。

03 品格

有徳の人には品格があります。颯爽としていて頼りがいがあり、常に穏やかで笑顔を絶やさない。礼儀をわきまえ、言葉遣いにも品がある。何事も判断が的確で、しかも堂々としている。品格という言葉から、私はそんな人物を連想するのです。

人の理想は仕事が出来て、品格が備わっていること。有徳の人は時代の頂上を歩けるのです。間違いなく社会をリードするSクラスの人なのです。品格を磨き、備えるのは簡単ではありません。人生をかけて一歩一歩、品格を身につけていきたいものです。

品格を備えるにはまず、**「自分には厳しく、他人には寛大」が肝心。損得より善悪で判断をする。**そして、自分中心で物事を考えたり、メンツを振りかざしたりしないことです。誰の、どんな相談にも応じる、懐の深さも必要です。**品格を磨くには、包容力を大きく育てたいものです。品格を磨き育てることをしないと、結局は周辺の人たちが離れていきます。**

私は、経営している企業の上場を目指すと決め、メーン銀行に支援を要請しました。ＯＢや現役の幹部を多数派遣していただきました。さすがに地元のトップ企業だけに、皆さん立派な働きぶり。銀行サイドの感覚を活かしつつ、当社の状況を的確に把握し、見事にサポートしてくださいました。いずれも誠実で信頼出来る人柄。こういう方たちを、品格が備わった人というのでしょう。その後、銀行へ復職しても、抜擢されどんどん出世なさるのは間違いなし。そう確信しました。定年後も、あちらこちらから是非、力を貸してください、と招聘されていく人財です。

取引先の担当者として2～3年お付き合いするケースがあります。残念なことに、殆どは担当が外れ遠くへ転勤したら、全く縁が切れる人が多いのです。この世は便利で、メールや携帯電話など手軽に連絡が取れる時代です、「お元気?」と年に数回声をかけることが出来れば、信頼関係が継続するのです。

ある銀行の素敵な支店長Kさんと出会いました。Kさんは、当社の幹部社員教育や出店の立地探しなど全般にわたって指導してくださいました。新年宴会への出席も欠かさない律儀さ。転勤しても月1回は電話で「どうですか」と、近況を尋ねてくるほどのマメな方。Kさんはとんとん拍子に出世し、その銀行の専務にまで昇進されました。実に素晴らしい品格を備えた人でした。単なる銀行マンを超えて、外部ブレーンのような人でした。Kさんが亡くなるまで、お付き合いは続きました。

04 利他

有徳には、他人を利する「利他の心」も重要です。人間の本性かもしれませんが、普通の人は自己中心的に心が働き、自分優先になりがちです。一方、有徳の人は、利他をできる限り優先します。利他とは、他人に尽くし、他人の幸福を願うこと。お互いが助け合うことこそ、大人の行為ではないでしょうか。

社会人は所属する組織の期待に応え、組織を利することに邁進することが重要なのです。気楽に会社を批判し、言いたい放題という方を見受けますが、厳に慎みたいものです。**利他の心を持つ人は、会社と協力し社会の期待に応えていくものです。**上司になると部下の成長の手伝いをし、ある時は親や兄、姉の代わりになり、相談には親身に乗ることも大事です。部下の幸せの手伝いが出来る「心の広い」人が求められます。しかし、プライベートなことには介入すべきでない、と誰が決めたのか、温かい人間関係を無視する風潮になっています。**利他の精神で相手を喜ばせ、お互いが喜び合える関係こそ理想なのです。**

利他の第一歩は、気持ち良い挨拶から――。心を込めて、明るく元気に先手必勝で挨拶をすることです。せっかくの挨拶に、明るさと相手への優しい心が欠けていて、形式的になっているケースが見受けられます。感謝の心いっぱいに「ありがとう」といえば、素晴らしい効果を生みます。1日に何度も使うよう心がけてください。

利他の心で友好関係をたくさん結ぶ。これが有徳の大きさ、といえます。**あなたは明るく気持ち良い挨拶をしていますか？　本心から「ありがとう」を発していますか？　人を褒めることが出来ていますか？**　こうした利他が、有徳の大きな力になり、光輝く人生を創る力になるのです。

私は、社員全員へ何か感謝のしるしが贈れないものかと考え、独身者には誕生日に、既婚者には結婚記念日にささやかなお祝いをしました。美味しいクッキーから始まって高級造花、ペアのコーヒーカップ、オリジナルのバスタオルへと、プレゼントの中身は変化しましたが、社員が600人に増えるまで続けました。最初の1～2年は少し批判的な社員もいましたが、3年続けると全員が喜んでくれるようになりました。温かい社風づくりに一役買ったと自負しています。

ささやかなプレゼントも、続ければ素晴らしい人間関係が生まれるのです。

05 親孝行

親孝行の出来ない人が成功者になることは不可能です。親孝行は有徳の力を左右します。

いずれは両親と別れなければならない時が来ます。「親孝行したいときに親はなし」――悔やんでも悔やみ切れません。日頃から親孝行に努めたいものです。

私たちは命のリレーの一員として、この世に生まれました。命を育んでくれた両親に恩返しをするのは当然です。しかし、戦後教育の影響か、親への感謝の心が不足しているように思われます。あらゆるところで自己中心的な動きが目立ちます。

あなたは、自分の誕生日にどうしていますか？　社会人になれば、親に感謝する日、と捉えてください。**両親の元気なうちに親に感謝し、親孝行を計画・実行する。それが、おのずとあなたを成功の道へと導きます。**無論、天の意思に沿うことでもあります。

あなたの両親はどんなことをしてあげると、お喜びになられるのでしょうか？

私事ですが、父が70歳を迎えた年、両親は故郷・岡山の田舎から私の住む広島市内へ移りたいと言い始めました。子や孫の身近で生活したいというのです。弟とも話し、希望を汲み取って広島へ引っ越してもらうことにしました。大阪・天王寺育ちの父は、以前から都会暮らしを望んでいました。大層、喜んでくれました。

夫婦でノンビリ生活をしたいとの意向を受け、会社の近くの家に住んでもらいました。私は毎朝30分早く家を出て、両親宅へ立ち寄り、一緒にお茶を飲んだり朝のテレビドラマを見たりして過ごしました。毎日の生活の中に、30分の親孝行を組み込んだのです。そうすれば、どんなに忙しい時でも30分は両親と過ごせるのです。出張すれば、ささやかながら両親が喜んでくれそうな手土産を必ず買う。母が85歳で急死するまで12年間、その生活パターンを続けました。

家内の母が一人暮らしをしておりました。義母の住んでいる方面へ行く時は、できるだけ家へ立ち寄りました。義母の親戚が移民でハワイに住んでいましたので、義母と我が家族が一緒にハワイに出かけたこともあります。この時、義母は心底、喜んでくれました。あの顔は忘れられません。思い出に残るハワイ旅行でした。

素晴らしい男性社員がいます。携帯電話を一人暮らしのお母さんにプレゼント。時間を決めて必ず一日一回、電話でお母さんと話をすることを日課にしているのです。どんなところからでも電話は出来るのです。しかも、電話代は家族ですから無料です。彼は素晴らしく心配りの出来る幹部社員です。

簡単なことからでも、親孝行は出来るのです。まずは、ささやかな親孝行でいいですから、実践すること。何度も申します。親孝行も出来ないような人が成功することは決してありません。

あなたの両親は健在ですか？　すでに他界されたのなら、必ず天国から見守ってくださっていることでしょう。両親に喜んでいただけるよう、毎日仏壇に近況報告をしてあげてください。両親の一番の願いは、あなたとその家族が円満に幸福に暮らしていること。その様子を伝えてあげれば、きっと安心なさるはずです。

06 ルール

有徳の人はルールを守ります。

社会には、さまざまなルールがあります。多くの人たちが安心して共に暮らすための取り決めです。赤信号や、いったん停止などを無視すると、たちまち事故です。間違いのない暮らしや円滑な生活に、ルールは欠かせません。有徳の人は、そんなルールをしっかりとご存じの方なのです。

何度もお話ししていますが、人間は自己中心的な性格を持っております。自分勝手な解釈で判断し行動をとるのです。人生を輝くものにするには、少しでも間違いを減らす必要があります。

人生を生きる一番のルールは、聖人の教えを勉強して、神の期待に応えることでしょう。日本人なら、道徳を勉強するということになるのではないでしょうか。**社会のあるべき姿は、道徳の教えに盛り込まれております。道徳は生涯教育と言われるほど重要な教えです。**社会のルールだと思います。

毎日の生活のルール、仕事上でのルール、人間関係のルール……。たくさんのルールをしっかり身につけていけば、有徳の力になります。

携帯電話のおかげで、とても便利になりました。しかし、ケータイに電話しても殆ど出ない人が結構います。１００％電話に出ない人も多いのです。ケータイは自分から電話をかけるためだけ？と思うぐらいです。電話をいただいたら、できる限り電話に出るのがルールです。

あなたへ先方の料金で電話をいただくのです。どうしても電話に出られない人は、伝言メモにつなぐよう設定しておきたいものです。女性はバッグにケータイを入れているから、出るのが難しいのではないかと思うのですが、私の知り合いで、常に首にホルダーでケータイを下げて仕事をしている女性がいます。彼女はいつ電話しても出ます。ケータイを仕事に活かしています。

私はスラックスのベルトにケータイホルダーを付け、バイブレーションモードでいつでも電話に出る体制が出来ております。メール機能も助かりますね。相手が電話に出る必要はなく、一方的にこちらの伝言が出来るのですから便利なものです。どんどん活用出来れば、素晴らしいことです。電話番号でショートメールが打てる時代になってきました。全ての電話へ打てる。ありがたいことです。

こんな身近なルール、手軽に誰とでも連絡取れる体制にしておくことは有徳の人の要件です。

重要な仕事でお邪魔する時は、事前に訪問の日時を決定しておくことは当然ですが、前日に「明日はよろしく」と連絡をとり、間違いのないことを確認しておきたいものです。当日も「これから出発します」と連絡する。そうすれば、相手の方が安心するのです。あなたの訪問が会社のカギを握る時は必ず実行しましょう。

商談、面会、講演、ゴルフ……。その都度こまめな連絡をすることが、相手を安心させ、納得させ、双方の信頼関係を深め、あなたの評価を高めるのです。そんな細かい配慮が出来るのが、有徳の人です。

07 三方善

有徳の人になるには、自分だけが得をする精神では不十分で上手くゆきません。長いお付き合いが出来ることが重要です。そのために必要な心がまえが「三方善《さんぽうよし》」。

自分良し、相手良し、社会良し、の関係です。近江商人の精神を表した言葉です。
ついつい力のあるほうが傲慢になり相手をいじめる。取引条件もどんどん厳しくする。それでは長続きしません。お互いが相手のことを思いやり、善い関係を創り、社会全体も改善していく。この考えが大変重要なのです。人間関係も組織と同じです。どうしても自己の損得を優先するため、トラブルが起きるのです。お互いが成り立ち、社会全体も良くなることが重要なのです。

今の社会はどうでしょう。力でライバルを打ち負かす弱肉強食の世です。この思想は欧米の狩猟民族的発想とよく言われます。しかし、日本の文化はお互いが協調する「和の文化」なのです。日本の良さを忘れた「自分さえよければ」の社会はいろいろな問題を発生させます。生き残って行くための醜い競争至上主義、効率優先主義は、社会を殺伐としたものにし、人心を荒廃させます。損得から善悪へ、社会全体のギアを大きく変換することが今求められます。

ある羊羹屋さんが「三方善」を学習しました。従来、羊羹は段ボール紙で箱を作り、大きく見せて販売することが常識でした。その段ボールを取り払い、包装紙いっぱいに詰まった羊羹を販売し、消費者から絶賛されました。さらに儲かった分、もっと良い原料を使い、美味しい羊羹を販売。業界を代表するブランドに成長しました。原料を納める取引先も、お客様も、自社も、全て良し。三方善の理念を実践した素晴らしい事例です。

世の中の優良企業の大半は、三方善の経営をしています。**お客様も、会社も、業界も、社会も、社員さんも、みんなが喜びを分かち合う姿こそ理想です。**あなたがお勤めの方なら、会社も善い、社会も善い、あなたも善い、そんな関係を是非追求して下さい。**三方善を理解した人は決して、会社の悪口を言ったり批判をしたりしません。素晴らしい会社は、全社員で創るものです。**この精神に立脚し行動に移せば、間違いなくあなたの人生は善い方向へ開かれてゆくのです。

08 許す

有徳の人は、他人を許すことが出来ます。何か問題があれば、すぐに嫌いな人とお付き合い中止。常に厳しい裁断をして人間関係を切ってしまう。そんな心の狭い人が意外と多いのです。自分の意に沿わない人とはお付き合いしない、意見も聞かない、さらにエスカレートしてその人を排除する――。他人を許せない人は、徐々に周囲が警戒し始めます。

社長や幹部にみられる話です。社員が中途退職をすると、二度と口を利かない、と決めている人が殆どです。私は街で出会った時など必ず親しく声を掛け、お茶や食事を共にするよう心がけています。退職した動機はいろいろでしょうが、社員として頑張ってくれたのです。会社にも不十分なところがあるのです。心からお礼を言い再会を喜ぶのが、人の道です。それこそ、心の大きさが問われるところでしょう。

期待して入社したのに失望したのかもしれません。個人的に退職せざるをえない事情があったのかもしれません。しかし、街でバッタリ会うことの偶然を喜び、温かい心の交流をすれば素晴らしいことです。その人と現役社員は必ずお付き合いをしているのです。今働いてくれている社員も喜んでくれることになるのです。

私は、再雇用を申し出た元社員にはその希望が叶うようにしてきました。若いときは世の中がよく分からず、迷いがあるのでしょう、しかし、他社に転職してみて、わが社が良かったと理解出来るのです。そんな出戻り社員は本当に頑張ってくれるものです。再チャレンジのチャンスを与えれば、遅れを取り戻そうと必死で働きます。本人、会社双方にとってプラスになると思うのです。

他人を許す――。言うは易く、です。自分の狭い価値観では、どうしても許すことが出来ないものです。許す心を育てる「訓練」が要るようです。

一方で、社内を攪乱する人にはやはり厳しく対処する必要があります。会社の理念に反する者には再教育しなくてはいけません。そうでもしないと、団結力が薄らぎパワーがなくなるのです。

人間は誰も不十分です。完璧な人などいません。ところが、自分こそ正当だと思いこんでしまいがちです。つい狭い心で相手を攻め、自分を正当化する。醜く狭い心が働くのです。**出会った人を広い心で受け入れ、お付き合いを重ねていくことで深いご縁に発展していくのです。**お互いが成長する期間が要るのです。

他人を許し、お互いが協力し合うことで、将来が開けてくるのです。

他人を許せる心を持つ人には、たくさんの素晴らしい出会いが待っているので

す。

09 富国有徳

アインシュタイン博士が大正時代に来日した際、次のような言葉を残したと、ある先輩から聞きました。博士の言葉かどうか諸説があるようですが、私は感動しております。

「人類に日本という国を作って置いてくれた事に我々は神に感謝する。人類は必ず平和を求めて世界の盟主を挙げなければならない時がくるに違いない。その世界の盟主になるものは武力や金の力でなく、あらゆる国の歴史を超えた、世界で最も古くまた尊い家柄、アジアの高峰、日本に立ち戻らなくてはならない」

この素晴らしい賛辞を素直に喜び、素直にその期待に応えることが出来ないものでしょうか？　今の日本は、当時に比べれば相当ひどい状況ではないかと思うのです。博士はあの世で嘆いておられることでしょう。

我が国が目指すべきは「富国有徳の国」と、提唱した方がおられます。素晴らしい言葉です。**徳が備わり富める国へ、まさに「道徳と経済」のバランスが取れた国創りです。低俗な弱肉強食の社会を見直し、誰もが喜び安心し平和に助け合う「協存協栄」の社会を創るのです。**そして世界から信頼され、多くの国と友好関係を構築し、品格を大切にする国を目指すのです。善なる和の国、日本の誕生です。日の丸に恥じない日本になり、世界の調整役を日本が果たすのです。日本は宗教的対立のない国です。その上、１２５代続く天皇家が国家の象徴としておられます。世界で唯一、日本国のみが、神話の時代から永々と続く国を代表する国家元首を持つ国です。世界で唯一、日本一国のみです。これは世界に誇れる素晴らしい事実です。勿論世界もこの事実には深い敬意を持っております。だから調整役が出来るのです。

世界の争いごとを、善なる日本と富国有徳の力で調整する――。神の期待に応え、神様からご褒美をいただけるはずです。この件については、マスコミの方々の善導をお願いしたいのです。まずは我々国民一人ひとりが神様からのご褒美をいただけるよう、天の道に叶った人柄を目指したいものです。そして、品格ある日本国を創り、富国有徳を実現するのです。

「天爵《てんしゃく》を修め、人爵《じんしゃく》これに従う」。天爵とは、天からいただいた爵位です。**天に認められた人柄になると、お金、名誉、社会的地位などの人爵は付いて来る**、という意味です。聖人の教えを学び、利己心を抑える。そして友好的・平和的な働きをして、幸福な社会づくりへ貢献することが求められています。そんな人こそ、真に明るく元気に幸福に生きる「人生の成功者」と呼べるのです。

あなたも是非、仕事で成果を出し、Sクラスの人材になってください。心遣いと行動を道徳的に改善し素晴らしい習慣を身につけ、神様からご褒美のいただける「真の成功者」を目指しましょう。

第二章

成功の力

⑩ ワクワクする夢

新聞1ページの夢を持っても叶うのは針で穴を開けたくらい、といわれます。大きな理想を抱き、そうなりたいと鮮明に描けることが、成功への第一歩の力になるのです。

あなたはこれからの人生でどんな夢を描いていますか？　仕事で成功したい、地位を得たい、立派な家に住みたい、海外旅行をしたい、高級な車がほしい、趣味を楽しみ上手になりたい、元気を得たい――。いろいろな夢があることでしょう。仕事で、プライベートで、目標となる夢を鮮明に描くことを是非お勧めします。

あなたにとってワクワクする夢は何でしょうか？　これからの人生でどうしても達成したい夢、ワクワクする状況は何でしょう？　**夢がはっきりすれば、それに向かってアイデアを出し、追求の行動へのスタートラインに立てるのです。**後は着実に、前に一歩一歩進み、一段一段と階段を上がるのです。行動が楽しみになります。

「仕事の報酬は仕事、その仕事にお金が付いてくる」という言葉があります。現実は、仕事で高い評価をいただかないと収入は増えません、お金が必要な夢は、仕事で評価されて初めて叶うのです。たとえ普通の生活で良いと思う人でも、周囲の人は相当に努力しておりますから、自分も相当努力しないと、付いてゆけません。当然ですが、ノンビリしていると取り残されるのです。

夢のある目標が出来ると活力はみなぎり、毎日が充実した生活へ変わります。

夢はどんどん変化してゆきます。私の場合、初めは「どうしても社長になりたい。ゴージャスな家に住みたい」でした。しかし、念願叶って自分で会社を設立してみると、多くの社員の力を借りないと会社は強くならないことが分かります。そこで、夢はガラリと変わりました。「社員の幸福づくりのお手伝いが出来る会社へ」と。上場を夢に掲げ、エクセレント・カンパニーを目指す夢に変わり、人生を明るく元気に幸福に生きることの大切さを学び、どんどん目標が変化して来ました。

夢ある目標に向かって前向きに生きることこそ、成功への強い力になるのです。仕事とプライベートの両面でワクワクする夢を持ち、アタックすることを考えてください。

⑪ 人柄

人生の成功者になるには、人柄が大事です。正しいものの見方、考え方を勉強し実行し、それが習慣として身に付いたとき、その人を他人が称して「良い人柄」と言います。

良い習慣をどれだけ多く身につけるか、が磐石な良い人柄へのステップです。

良い人柄を備えるには、三つの条件があります。

一つ目は、自分の命を大切にすることです。かけがえのないこの命。自らの不注意で病気になったり、事故で身体を傷めたりしないよう気をつけましょう。偏った食事は健康を害します。不摂生もいけません。夜遊び、深酒、暴飲暴食は厳に慎むこと。「体に良い食事・睡眠・適度の運動・明るい心」が、健やかな暮らしの根幹です。**常に健康に留意する人は、信頼に足る人物と見なされます。**いろいろと都合のよい言い訳をして欲望に負けていると、自制心が足りないとして、周囲からソッポを向かれてしまいます。自分に厳しくする。それでこそ、大きな信頼を得るのです。

二つ目は、多くの人と仲良く出来ること。社会は支え合って成り立っています。この世の中、自分だけ良ければ良い、では通用しません。身勝手な自己中心の振る舞いは慎みたいものです。

周囲の多くの人と協調し、他人の意見に素直に耳を傾けることが肝要です。今の仕事で多くの人と協力体制が構築出来ない人は、たとえ独立しても周囲の協力が得られず、成功しません。**自己中心の人は孤立した人生になりがちで、輝く未来を築くことは不可能です。**

三つ目は、社会のお役に立つこと。**自分のことよりも、他人のため、社会のために微力を尽くす**――こうした「利他」の行動は多くの人の支持を得ます。やがて社会があなたを必要とし、頼りにします。社会貢献の精神は成功者になるうえで必須です。

特に高学歴者、若くして成功した人は周囲を軽んじます。長い人生では必ず支持をなくし孤立します。そんな人は是非、謙虚な気持ちを忘れないで下さい。

⑫ 社会・両親の期待

人生の成功者になるには、周囲の期待に応えることがとても重要です。あなたは周囲の期待をよく理解していますか？

両親や会社、社会の期待に応えることができれば、評価が高まり、人生がどんどん開けるのです。頑張って仕事をするのも、言い換えれば他人の期待に応えることです。その期待に応えなくては前に進まないのです。自分自身で満足しているレベルは感心しません。評価は他人がするのです。**他人の期待に応える熱い思いがあれば、人生の前途は洋々です。**

社会が期待するなかで一番に挙げたいのが子孫繁栄。結婚して家庭を持ち、子どもをつくることです。子を授かりたくても、叶わない夫婦がいるのです。少なくとも2～3人の子をもうける。これが社会の期待と受け止めてください。

家庭を築き、家族を持つ。それは、喜びばかりではありません。辛いこともあります。苦楽を通して、人間として確かな人格の成長が図れるのです。あなたに磨きをかけてくれる場が、家庭です。そして、人間としての成長が、やがて社会に寄与することにつながります。

あなたは今の仕事を通じて、周囲の期待に応えていますか？　ときどき、自分に問いかけてみてください。

誰だって今の世の中は、仕事で収入を得て生活を営みます。当たり前のことですが、所属する組織はあなたに相応の期待をかけております。その期待以上の成果を出してこそ、あなたは存在感を増すのです。期待に応えるために仕事をするのです。お金を稼ぐために仕事をすることとは、少し違うのです。期待に応えると、ご褒美としてお金がいただけるのです。それが収入です。

エネルギーの法則からみても、期待に応えるために仕事をすると、成果につながるエネルギーがほとばしります。**期待に応えるため、一所懸命生きる――。そう肝に銘じている人に、未来は開かれていきます。**

⑬ 善なる日本

みんなが明るく元気に幸福に「明元幸」をモットーに生きていけば、拝金主義の社会から抜け出し、より健全な社会を築くことが出来ます。まさに善なる日本、富国有徳の国創りが出来るのです。

国民全員が美食を慎み、身体に良いものを食べるよう心がければ、天文学的数値になった医療費も大幅に減少することでしょう。暮らしの質を高め、善なる社会が創れるのです。

最近、ジャンクフード・砂糖の多い飲料水に税金をかける動きが欧州で出てきました。早急に日本も導入し、国民の健康意識を喚起することが必要です。

また、襟を正した経営者が増えれば、倒産の会社も減少し経済的にも繁栄することでしょう。政府は会社経営の難しさを理解して、経営の後押しをする政策を打つべきです。「儲からない会社はつぶせ、そうすれば新しい芽が出てくる」の論法は、あまりにも酷《ひど》い政策です。メーカーに自社製品の価格維持の権限を与えないと、開発投資も回収出来ません。今、価格維持が可能なのは、自社で販売網を持つ会社のみ。例えば、自動車メーカーやユニクロ、家具のニトリなどでしょう。しかし、自動車メーカーですら、同業者との競争にしのぎを削っていて、それほど楽ではありません。

自社の商品を大切に販売出来る政策は、大変意味を持ちます。かつて松下電器産業（現・パナソニック）は価格維持のため、安売りの大手量販店に対して、テレビを売ってもらわなくてよい、と頑張った時期がありました。しかし、その後は価格が安いことこそ正義、という風潮のなか、産業界は利益の上がらないデフレ・スパイラルに苦しんできました。企業は低賃金の国で製品をつくらないと生き残れなくなり、日本の産業空洞化が起きています。そのため、ブランドを育てることも出来ず、企業の力が萎えている状況です。

そろそろ、安ければ良し、という歪んだ考えを是正しましょう。消費者・メーカー・商社の三者が互いに利を取れる方向を目指すのです。この**「三方善」の考え方を徹底すれば、会社の足腰を強くし、ブランドを育て、社員の賃金も上昇。**

家庭も会社も潤い、幸福感に満ちた社会になることでしょう。そんな善なる日本を創らなくてはなりません。

⑭ S・A・B・C・Dの理論

素晴らしい社会を創る――。そのためには、どうすればよいのでしょうか。

組織は人材の優劣で次のように分かれるといいます。優秀な人（Sクラス）は5%、秀の人（Aクラス）20%、普通の人（Bクラス）55%、少し問題のある人（Cクラス）15%、相当問題のある人（Dクラス）5%。組織を引っ張っていくリーダーは、SクラスとAクラスを合わせた25%です。S・Aの声が大きいと、BはS・Aに同調し、健全な方向に向かいます。ところが、C・Dの声が大きいと、BはC・Dに同調しますから、まずい方向に行ってしまいます。

SクラスとAクラスの意識を高めるための施策を打つ。CクラスとDクラスの話は傾聴しても施策には反映させない。できれば抑え込む。そうすれば、S・A・

Bの集団がパワーを持ち、その組織は好転するのです。自己中心的な少数意見がまかり通れば、組織が混乱するのは必至です。例えば、今100人の営業部隊がいるとします。好成績を挙げているS・Aの25人を徹底教育し、さらに成果を出していけば、普通のBクラス55人も同調して前向きになります。S・A・Bの合計80人が精鋭部隊として活動するのです。この集団のパワーは想像以上の大きな力です。

S・Aへの対応が全てです。C・Dに引きずられて悪化しないよう十分注意しましょう。業績を上げようと、ダメなC・Dの人たちを教育しても、良くなることはありません。全体をリードするS・Aクラスを育てることが成功の近道です。C・Dは協調しなくても足を引っ張らなくなれば良し、としましょう。

あなたは今、S・A・B・C・Dのどこに所属していると思いますか?

この本をヒントに成功哲学を取り入れ、真剣に生きていく人は、Sクラスの人財になれるのです。**Sクラスの人は、どこにいても必要とされます。Aクラスの人も同じく大切な人財です。人生の成功者になるには、Sクラスを目指すことが不可欠です。**会社勤めの人も、独立する人も、Sクラスを目指してください。他人からSクラスと評価していただいてこそ、本物といえます。

Sクラスの人は人柄がよく、大局的な考えを持ち、期待に応えます。他人から信頼され、智恵も溢れ、周囲の人と協調出来る人なのです。こんな人が人生の成功者になるのです。

⑮ 会社30年説

一説に、企業の寿命は30年、といいます。たとえ今、大変儲かっている会社でも、殆どの会社は30年経過すれば問題が発生し、立ち行かなくなるというのです。製品が時代に合わなくなる、販売チャンネルが変わる——など変化に対応出来なくなるわけです。今、あなたが働いている会社、経営している会社も、ひょっとしたら、その30年説にはまってしまう恐れがあります。しかし、**たとえ会社は倒産しても、S・Aクラスの人は決して失業しません。どんな時代が来ても必ず抜擢されるのです。**逆境のなかにも、未来に希望が見出せる。そのためにも、Sクラスを目指してほしいのです。

有名な会社も経営不振で再生の道を歩むケースがあります。流通業ではダイエー、そごうなど。山一證券は廃業に追い込まれました。銀行も保険会社も次々と整理統合。明日が読めないような世の中です。だから、どんな時代でも輝いて生きる人材になってほしいのです。

Sクラスの目標を定め、それにチャレンジする人のみが、一歩一歩Sクラスに近づき成功者の仲間入りが達成できます。一度限りの人生に、光を当てるも、当てないも、あなたの心がけ一つにかかっています。

⑯　協存協栄

厳しい世の中です。だから、S・Aクラスの人たちがリード役になり協力しあう態勢を構築する必要があります。協存協栄の社会を創ることが大切です。それは私の切なる願いです。

今の時代を称して「強存強栄」と言う人がいます。しかし、強い者は弱い者を押しのけても勝てばよい、という理屈は通りません。**協調しながら競争する――。**これは共存共栄と一般に言われていますが、**私はあえて「協存協栄」を唱えているのです。この精神は、これからの世界の平和的繁栄に欠かせません。**

流通業界でよく言われる「仁義なき戦い」。他店より一円でも安くする。そのため毎日何回か他店の価格を見て歩き、その都度、自店の価格を下げる。仕入れた商品はたとえ赤字で販売しても構わない。お客さんへの一番のサービスだと言わんばかりですが、本当にそうでしょうか？　まさに、えげつない商売。自店のみが売り上げ・利益を増やせばよい、という自己中心。業界あっての商売、お客様・メーカーあっての我が社、なのですが……。もし、メーカーが安売りを阻止しようものなら、公正取引委員会が厳しく締め付けるのです。どこかおかしいと思いませんか。

メーカーも小売店も、適正利潤は必要です、だから、ひと握りの安売り業者は社会を混乱させる元凶です。なのに、政府は取り締まるどころか、逆の施策を打っています。何をしてもよいのでしょうか。今の社会はドンドン赤字の会社が増え、どこも余裕がない。儲かりませんから、一番経費のかかる人件費を削っていく。

給与を下げる。正社員は給与が高いから、アルバイト社員を増やす。アルバイト社員は給与が少ないから、結婚は出来ない——。悪循環に陥っているのが実状です。

要するに、アルバイト社員比率の高い企業が大儲けをしている。そんな経営者を、マスコミはカリスマなどと囃し立てる。見当違いも甚だしく、憤りを覚えます。私に言わせれば、そんな経営者は国賊ものです。正社員の人数が、本当の企業力ではないでしょうか。

こんな世の中を早く修正する必要があります。放置しておくと、日本崩壊を招いてしまいます。あなたは、良識をもって世の中の異状を正す一員になってください。協存協栄の考え方をぜひ実践していただきたいのです。

⑰ まさかの坂

たとえ今、順調に推移している状態でも、**世の中は「山あり、谷あり、まさか**

の坂あり」。予想を超えた厳しい事態が襲ってくる可能性は否定できません。そんな状況にも、うろたえず対処する心構えが重要です。

大きな事故に遭う、経済状況が急変する、一瞬にして国の政策が変わる、天変地異が起きる——。どんな状況に対しても、明るく、元気に、幸福に生きていきたいものです。まさかの坂が来て大変な状況になっても、決してへこたれない、負けない人も、Ｓクラスの要件です。

私は創業26周年にジャスダック上場を果たしました。しかし、ちょうど消費税アップと重なり、経済に急ブレーキ。戦後初めて銀行がつぶれ、証券会社がつぶれ、大手企業が軒並み失速、東証株価が一日８００円の暴落。消費は低迷。企業は低賃金の中国に生産拠点を移す。一挙に経済の流れが変わりました。そのうえ、時価会計の導入。私事ですが、元気だった母が急に他界し、少し痴呆の進んだ90歳の父親の面倒をみることに……。何重もの、まさかの坂に翻弄されました。

創業28年目には初の赤字転落。それから3年間、赤字決算です。上場後の赤字でしたから、大変な苦しみを味わいました。まさに袋小路に入ってしまいました。飛行機に乗るたびに墜ちてくれないかと思ったものです。振り返れば、異常な心境でした。でも、何とか苦境を乗り越えました。

まさかの坂は誰にでも、しかも予告なしにやってきます。どう克服するか、その人の器量が問われます。**たとえ、どんな暗闇にあっても、夜明けは必ず訪れます。どんなに厳しい事態でも、ひるまず、逃げず、立ち向かう。息苦しいほどの急坂も乗り越えてこそ、峠の先に、輝く未来が展望出来るのです。**こうした負けじ魂も、Sクラスを目指すうえで必要です。

⑱ 強い願望

「運が良い、運が悪い」と、よく言います。では、その運命は生まれながらにして決まっているのでしょうか、考えてみてください。

生まれたときの国・家・性別・年月日・身体の特徴・容貌など、自分ではいかんともしがたいことは宿命といいます。一方、運命は「運ぶ命」。自分の運命を変えることは出来るのです。自分の意志で、運命をドンドン良い方向へ変えて行けるのです。

誰もが、自分の人生を「明元幸＝明るく元気に幸福に」生きることが出来るのです。それは強い願望から始まります。強く願う。それによって、スタートラインに立つことが出来ます。運良く資産のある家に生まれても、その人の生きる目標が間違っていると、財産などというものは、あっという間になくなってしまいます。その恵まれた境遇を、より高いところへ進めるには、願望が要るのです。こんなもので良し、とのんびり構えていたら、人生の谷が来てそのまま終わり、になりかねません。

健全な人生の目標に向かい、資産を正しく使い、人生を輝かしいものにするという願望が必要です。また、恵まれない境遇に生まれても、**自分の運命は自分で組み立てるという強い意志があれば大丈夫。自分で運命が変えられる——それは楽しいことです。そうなりたいと強く思う。その願望が、岩をも砕くのです。**自分で人生を創る。本当にワクワクしてきます。

誰だって不得意なところがあり、自信の持てないこともあるのが現実です、でも、そんなことは自分の心が決めているのです。欠点・不得意を直視し、克服する気構えから、やがて自信が芽生えてきます。強い願望があれば、何でも克服出来るのです。もし、自分に足りないものがあれば、人の力を借りればよいのです。世の中には優秀な人がたくさんいます。

強い願望があれば、相当なレベルにまで上昇出来るものです。何事も解決策、改善策は見つかるものです。事が成るのも全て願望がスタートです。ナポレオンが言った「余の辞書に不可能の文字はない」。**可能な限り、願望に向かって挑戦することで、道は開けるものです。「成せば成る」のです。**そして、どうせするのなら、遊びも仕事も「一流」を目指したいものです。

⑲ 1・01の法則

強い願望は、どのようにすれば成果につなぐことが出来るのでしょうか？

それは努力の程度にかかっています。**1％努力し続ける人と、1％怠ける人の差は、何と7倍にもなるのです。**1％は1・01です。100乗すると2・7です。

1％怠ける人は0・99です。100乗すると0・36です。2・7対0・36で、実に7倍もの差が出来るのです。普通の人は1・0の100乗で1・0です。1％努力し続ける人は、普通の人と比べても2・7倍になります。

何事も、目標に向かって徹底して努力し続ける。そこから自分の運命が劇的に変わるのです。努力しない人は、運命を改善することは出来ません。何事も上手になることはありません。スポーツも徹底的に練習しないと上手になりません。運命を変えるのも同様です。

どんなに恵まれた才能を持って生まれた人も、プロフェッショナルになるには1日3時間、365日欠かさず練習する。それを10年間続けて、やっとプロになれると聞きました。どんな分野であれ、一朝一夕に、ことを成すことは出来ません。「努力の賜物」と言います。不断の努力が運命を改善し、成功者に導くのです。この必要性を是非、学校で教えてほしいものです。

どんなことも苦労を伴いますが、その苦労の先に好い運命が待っています。たとえ趣味の世界でも努力すれば上手になり、楽しくなるものです。

こんな方がいます。健康のためにと、50歳から太極拳を始めた会社員。10年がかりで師範の免許を手にし、太極拳の教室を開くまでになりました。多くの生徒から健康に素晴らしいと喜ばれ、実りある第二の人生を謳歌しています。会社勤めをしながら、リタイヤ後に備えていました。努力の甲斐あって「先生」と尊敬され、周辺の町からも「教室を開いてください」と招聘がかかります。徹底して努力する方ですから、こうして報われるのです。

その教室に、菊の栽培を趣味にする生徒がいました。それで何と、この太極拳の先生、菊づくりにもチャレンジ。広島県の菊花展で文部大臣賞（当時）を獲得したのです。一つのことをものにする人は、何でも一流になれるのです。１％の努力の積み重ね、精進がいかに大切か、その好例です。

20 鳥の目と虫の目

自分の運命を好転させるために、どうしたらよいか分からない、自分の方向が定まらない、という人も多いようです。そこで、進むべき道をどう探すか、考えてみましょう。

成功者は、鳥の目と虫の目の両眼を持つ、といいます。**鳥の目は天高く、どこへ向かってゆけば良いか常に読めること。**森の中を歩くと、うっそうとしていて、道に迷うことがあります。そんなときは、鳥の目の出番です。高みから全体を見れば、進路が分かります。鳥の目を持ち、人生の大きな流れをきちんとつかむ。人生を生きるうえで、とても重要です。人生を確かな足取りで生きるには、鳥の目が必須です。本書『日本人の為の成功哲學』では、その方向性を示していきます。

人生も仕事も、先人・先輩の残された、変えてはならない鉄則を学んでいくことが肝心です。鉄則には新しい時代が求める流れや国の政策、世界の潮流等々へ対応する、普遍的な教えがあります。確かな鳥の目を持つには、それらの勉強をすることしかありません。外してはならない鉄則をわきまえ、将来の確かな方向性を読み取り確信出来ることこそ、鳥の目を持つことなのです。

もし、自信がなければ、先生、師、先輩に相談して方向性を確認する必要があります。

「虫の目」も、おろそかに出来ません。目の前のすべきことを、きちんとこなす。

これが出来なければ、成果を出し、他人の信頼を得ることは出来ません。人生をどう生きるべきか、を頭では理解していても、現実に今日すべきことを先送りするようでは、人生の活路を閉ざしてしまいます。

鳥の目と虫の目の両方を活用して初めて、運命を良くすることが出来るのです。

21　思想を変える

運命の改善に、素晴らしい教えがあります。

「思想が変われば行動が変わる。行動が変われば習慣が変わる。習慣が変われば人格が変わる。人格が変われば運命が変わる。運命が変われば思想が変わる」

スパイラルに運命が改善されるという教えです。その教えのスタートは「思想が変われば」。思想とは、ものごとの正しい見方、考え方です。これらをどう会得するか、が出発点です。そして、正しい見方・考え方を皆さんに広く伝えるのが、本書の意図なのです。

人生を生きるために一番重要な思想は、聖人の教えです。聖人とは釈迦・キリスト・ソクラテス・孔子。四大聖人の教えは、どんなに時代が変わっても色あせることはありません。多くの人が、その教えに導かれてきました。

私は社長を目指すと決意した頃、成功する社長には「論語とそろばん」が必要だと知りました。論語の本を購入し勉強しましたが、なかなか難しい。しかし、ある成功哲学の本には要するに、人生をどう生きるべきか、を説いたものだとありました。人間はとかく、自己中心的になりがちです。自分勝手な心にとらわれてしまうものです。みずからを律し、ものごとを正しく見る。そのように考え方を変えないと、人生の改善はおぼつかないのです。正しいものの見方・考え方への思想の変革から始めましょう。

なすべきことを理解しても、行動に移し習慣化しなければエネルギーになりません。知識として知っていることと、出来ることは全く違います。習慣化して身につけ、意識しなくても実行出来る状態になれば、良い人柄として周囲は評価するでしょう。そして、多くの人と良好な関係を築き、ドンドン幸運が訪れ、運命は改善されるのです。**良い習慣をどれだけ多く身につけるかが、運命改善の分かれ道です。**言い方を変えれば「悪いことは即座に止め、良いことはすぐに実行し、習慣にする」。この実行力が備われば、運命は大きく好転します。

22 そろばん

「そろばん勘定」に合うことを優先、短絡的な儲け優先のビジネスを追求しお金儲けをする。とかく、このような傾向になりがちです。ビジネスで利益をいただくのは、お客様の満足のお返しです。

ビジネスは儲かるから、という単純な利益優先思想は問題です。お客様の大きな満足が得られ、利益も大きい。だからビジネスになるのです。この考え方が、真にビジネスを永続させます。いかにお客様へより便利さを提供し、より安全でより高い満足を提供出来るかどうか、が勝負です。安さだけの追求では商売になりません、儲かるから扱う。そんな単純なものではありません。相当に高い顧客満足を提供しなければ、永続する利益はいただけないのです。

お客様の欲求・サービスは相当に高いハードルです。お客様の高い評価をいただき、お客様が群がるようなビジネスをしたいものです。成功のカギは、顧客満足のレベルをどれだけ真剣に追求し、お客様から高い評価をいただけるかどうか、にかかっています。ついつい今までの習慣・流れを続けて、徐々に魅力のないビジネスに色あせてしまうのが世の常です。常により高い満足を提供してこそ成功は続くのです。**商売の原点は、お客様への利益の提供、顧客満足の提供、感動の提供の追求にあります。**

今の時代は、どんなサービス・商品・価格が、お客様から評価されるのでしょう。その顧客の求めるニーズに応えることこそ、大成功の道なのです。

いろいろな方法があります。薄利多売、高利小売、安らぎ・健康づくりの提供、非日常的な場の提供、ステータスの追求、感動商法……。**いかに上手にお金儲けをするかは、それらの本物をミックスした高い顧客満足の提供にあります。極めて高いハードルです。何事もプロは簡単なレベルではありません。**

どんどん時代は変化します。新しい流れと、そろばんをどう合わせるか。永続するビジネスは高利小売だといわれています。今の時代は安さのみの追求が横行しておりますが、嘆かわしいことです。経営はそんな短絡的なものではありません。今後は、シンプルなサービスから多機能のサービスへ、感動商法の時代へと変化することでしょう。

第三章

運の力

㉓ 不運を好機に

自分にとって面白くないこと、いやなことはたくさん起きます。そんなときは、どうして起きるのか？と嘆き、気持ちが落ち込んでしまいます。でも、ここが運の善し悪しの分かれ目。どんなことが起きても、自分を一回り大きくするチャンス、と捉えましょう。こういう人こそ、運が味方について人生が好転するのです。人生は一生、勉強です。勉強のチャンスが来たと思えば、どんな辛いことも好材料になります。まさに「艱難辛苦《かんなんしんく》、汝《なんじ》を玉にす」です。

意味のないことは起きません。「さあ、成長しなさい、気付きなさい、一段と上に行きなさい」。天から賜った、励ましの言葉と受け止めましょう。今、大変な状況にある人も、この苦境を乗り越えれば、10年後、20年後にはあの時の苦労があればこそ、と思うようになるのです。

すでに触れましたが、私が創業した会社はジャスダック上場にまでこぎつけます。しかし、その2年後、初の赤字転落。３期連続の赤字を経験しました。人生最大のピンチ、夜も眠れません。4年間ぐらい、薬に頼っての就寝でした。しかし、あの時の苦しい経験は、今の私の大きな力になっています。まさかの坂を経験したことが、大きな財産になりました。どん底を経験することでいろいろな角度から、ものが見えようになってきたと思うのです。

そのどん底の時、福岡で業界の経営者130人の集う大コンペがありました。苦境の私がぶざまなスコアだと、「やはり、森田さんは苦しんでるな〜」と思われてしまいます。絶対、好スコアを出すぞ、という意気込みで臨みました。真剣そのものです。その結果、なんと生涯のベストスコア76点が出ました。ベスグロ優勝です。メーン銀行の支店の100回記念コンペでの優勝。さらに仕入先が、豪華海外旅行へ招待というコンペを開催した時も優勝。「森田さんのためのコンペだったね」と言われる始末。あの辛苦の年は、徹底して周囲に元気をアピールしていたのです。いまでは良い思い出です。

24 愚痴

現代はなんと愚痴を言う人の多いことか。何でもかんでも愚痴をこぼし、絶えず、ぶつぶつ言っています。愚痴を言えば、改善したり解決したりするのでしょうか。そんなことは、殆どありません。**愚痴を言えば言うほど、悪循環になります。愚痴を言えば言うほど、問題は悪化するのです。**

多くの恩恵をいただいていながら、何の不足があるのか。その恩恵を忘れて愚痴を周囲にまき散らす。これでは、運が良くなるはずがありません。例えば天気。暑い、寒い、雨が降ってうっとうしい、と愚痴を言っても始まらないでしょう。暑い時も、寒い時も気にしないことです。暑い時はビールが美味しいし、泳ぎに行ける。寒いからこそ、アツアツの鍋物が恋しいし、スキーが楽しめる。そう考えれば、愚痴は出ないのです。

人間関係も、お互い愚痴を言わず、感謝したり褒めたりしていれば、上手く行くのです。愚痴を言う人は、友達が減ってきます。次章で触れますが、エネルギーにもマイナスに作用します。

あなたは新幹線に乗った時、座席の前のポケットにゴミが放置されていたら、どう思いますか？「けしからん！ごみを放置して」と、心で愚痴ることはありませんか。当たり前ですが、愚痴っても、そのゴミは消えません。こんな時、運を良くする人は、そのゴミを自分で手早く処理します。もう一つ、例を挙げます。運転中、自分の前に割り込んで来るドライバーがいます。癇《かん》にさわります。これも愚痴の一つです。どうぞ、どうぞ、と広い心で割り込みを許したら、こちらの気分まで明るくなります。愚痴を言ったり思ったりしても、一切、得にはなりません。運を逃がすだけです。天はあなたを試しているのです。

仕事上でも、愚痴をしばしば口にする人がいます。こんな人は、仕事で成果を残すことは出来ません。面白くない仕事は気が乗りませんから、適当に片づけます。評価されないのは、当然です。こういう人は退社予備軍ですから、重要な仕事には抜擢されません。**愚痴は、自分で自分の首を絞める羽目になるのです。愚痴は百害あって一利なし。**今後、愚痴を慎みましょう。

㉕ お返し

愚痴の反対語は「お返し」ではないでしょうか。**私たちは、多くの恩恵を受けて生きています。その恩恵にお返しをしてこそ、運が良くなるのです。**

第一章の「親孝行」でも尋ねましたが、あなたは誕生日にお返しをしていますか？　当たり前のように、親からお祝いをもらっていませんか？　親に養ってもらっていた頃とは違います。社会人になれば、誕生日にはこの世に産んでいただいた親に感謝すべきです。本来は、親にお礼をする、お返しする日なのです。自分の誕生日には親に感謝し、お返しを考える。こういう人こそ、運が増幅します。

会社員であれば、働かせていただいている、と考え、何を置いても会社の発展のために尽くす。そんな姿勢の社員ばかりであれば、社業は間違いなく盛んになります。会社へ、何かお返しを考えてください。例えば、社員全員で社長にプレゼントする。上司や先輩にも、お礼の気持ちを伝えましょう。そうすれば、運がドンドン広がります。

虚礼廃止を叫ぶ人がいます。年賀状は要らない、お中元も、お歳暮も不要。しかし、お礼の心を省いて、運が向くことはありません。人とのつながりのバロメーターは、年賀状の量だと思います。お礼の心を添えた年賀状は、素晴らしい運を引き寄せます。私は社長当時、社員全員に年賀状を出していました。それは、家族全員のカラー写真入りの年賀状でした。最近は、夫婦二人の写真入りです。今は電話、メールと、手軽に感謝の意を伝えることができます。

あらゆるチャンスを生かして、お礼をしてください。運の力が満身に行き渡ることでしょう。

26 苦の道

苦労は買ってでもする、と言います。人間の厚みは、苦労の経験の分量により、決まるのかもしれません。功なり名遂げた人たちの多くはかって大変な苦労をした、と聞きます。ダスキンの創業者・鈴木清一さんは次の名言を残しました。**「楽と苦の道があれば、苦の道を行く」。**なかなか、こんな心境にはなれないのが普通の人ではないでしょうか。この言葉を知って、ささやかながら苦労は買ってでも、と強く思ったものです。

辛い×10＝幸。「辛」の上の「一」を「十」に置き換えると「幸」になります。辛い経験を十回、つまり幾度も重ねる。そこから幸福が生まれる、というのです。**苦労しないと、人間として成長がない。苦労人こそ、人の痛みが分かり、人に優しく出来る。そして、幸運に恵まれる。**言い方を変えれば、「苦労が運を味方に付ける」。「苦の道」は「運を呼ぶ道」でもあるのです。

会社勤めにも、苦労は付きものです。会社は決して楽な仕事を与えてくれません。与えられた仕事を、苦労してでも達成することがとても重要です。

会社は将来の重役を育てたいと考えています。そのためには、あらゆる経験をさせておくことが肝腎です。経理、総務、人事、営業、購買、製造、経営計画……。こうした部署を経験していればベストです。大手企業は、新人を面接の際の希望とはあえて違う部署に配属します。そこで、苦労に立ち向かう人か、苦から逃げる人か、を判断するのです。これまで、大手企業の社員のすさまじい仕事ぶりをつぶさに見てきました。やはり大手では、苦労を突破した人しか昇進していません。人事の的確さに感心するばかりです。

27 不平不満

運を味方につけられない人に共通するのは、不平不満が多いこと。不平は、責任の所在が他にあるという考えに起因します。周囲に感謝せず、何かあれば不満を言う悪癖。私は不思議に思うのです。いつも不平不満を言いながら仕事をしている社員、でも会社を選んだのは本人です。無理やり入社させたわけではありません。入社試験も受け、納得して入社したのに、ぶつぶつと言っている。他社は素晴らしいのに自社はなってない、と……。

ならば、その会社に入社出来るのか？　比較する時は必ず自社より立派な会社と比較するのです。上司はよく見ています。不平を言っている人に、昇進・出世はありません。そんなこと、当たり前ですよね。でも、不平不満を言う。**不平不満を言っても、なんら改善にならないのです。**お互いに力を合わせて問題を解決することで、社内の改善・改革に結びつくのです。

結婚しても相手に不満を持つと一気に不和へ。自分のことは棚に上げ、相手が悪いと言い募る。これでは、家庭が崩壊します。家族はお互いに苦労しながら、だんだん成長するのです。**相手に感謝せず、好き勝手なことばかりしていれば、夫婦喧嘩は絶えません。**天の配剤で連れ添う夫婦なのです。伴侶への配慮を忘れないようにしてください。夫婦は時間をかけて成長するのです。人間は20年で成人、夫婦関係の成熟も20年くらいはかかるのです。

夫婦はお互いに感謝する気持ちがあれば、問題が解決するかといえば、なかなかそう簡単ではありません。我が社で、こんな実話があります。入社10年目で店長を務めていた男性。大変な努力家でした。ところが、結婚5年の妻が、こんな要求を出します。「土・日曜、祝日に休めて、夕方5時には帰宅出来る仕事についてほしい」。この男性は、やむなく妻の実家の近くへ移り住み、要求内容を満たす職場へ転職。しかし、30歳過ぎの転職です。新しい職場では小間使い。仕事に生きがいが感じられなくなり、苦痛の毎日。あわや離婚寸前に――。そこで、やっと妻が折れます。

本人は前職への復帰を希望していましたが、当社へは申し訳ないからと、ライバル会社へ。やはり中途入社です。社風になじめず、最終的に当社へ帰ってきました。転職から復職まで5年間。しかし、空白の歳月を取り戻すことは難しい。妻が次元の低い不平不満を漏らしたばかりに、順調に昇進していたコースを外れてしまいました。残念なことです。妻の両親も、娘の後押しをしていました。後先を考えない3人の浅慮が、有能な人材の将来を奪ったのです。

頑張って働く夫を懸命に支える妻なら、こんなことにはならなかった。その男性、土・日曜や祝日の休みも月2回程度は取れていたのです。平日はどこの行楽地も空いているし、格安。良いこともあるのに、それが理解出来なかったのです。「世間並み」の追求が、どれほど暮らし方を窮屈にしているか、再考してほしいものです。

28 感謝

前項の続きです。妻と両親に、その男性への感謝の心があれば、男性も、妻たち3人も、全く違った人生になっただろうと思うのです。男性はとても優しい人柄でした。だから、強引な要求を受け入れたのでしょう。何事も感謝の心の少ない人は、ドンドン運から離れていきます。感謝こそ、運を呼び込むカギです。

感謝の第一歩は、生きていることの喜び。この世に生き、元気で過ごしていること、そして毎朝の目覚めに、感謝しましょう。

こんな悲しいことがありました。20代半ばの元気な社員が夜、「お休み」といって2階の部屋へ。ところが、朝起きてこない。お母さんが2階に上がってみると、すでにこと切れていた——。彼は一人っ子でした。前日まで、健康にはなんの問題もなかった。お母さんの悲しみは、いかばかりか。就寝して朝起きてこなかった社員が、これまでに2人います。もう1人も、20代半ばの男性でした。

明日元気であることは、当たり前ではないのです。元気で朝を迎えたことに感謝すべきです。朝起きが苦手な人は、朝の目覚めへの感謝が少々足りないのかもしれません。毎日元気に朝が迎えられる人は、「おはようございます」と、多くの人に挨拶しましょう。それも、できるだけ明るく元気に!!

二つ目は、親や先祖への感謝です。命をいただいた両親、両親を産んでいただいた祖父母、そのまた親……。何代もの先祖から引き継がれた命のリレー。そのおかげで、今のあなたがあるのです。

花瓶に挿した花は枯れる。しかし、庭に咲く根のある花は、毎年咲き続ける。**根を大切にしない人は、すぐに枯れて運が上向くことはありません。先祖への感謝の心がない人は、根のない花が枯れるように運が切れてしまいます。**

「心根」とは、よく言ったものです。先祖に感謝することは、人間としての大事な「心根」なのです。根を切っている人は運に見放されます。あなたは先祖のお墓参りをしていますか？　仏壇がありますか？　仏壇は、先祖への感謝の窓口です。両親・先祖に感謝する姿勢が、幸運を呼ぶのです。

三つ目は、多くの方とのご縁に感謝することです。先生・上司・先輩・友人・

親戚……おびただしい数の人たちから、生き方・考え方を学び、今のあなたの生活があります。自分ひとりでは、この世を生きてゆくことは出来ません。しかし、そんなことを忘れてしまって、ついつい独りで成し遂げてきたかのように思い違いをしていませんか？　**教え導いてくださった方への感謝の心が薄らいでいませんか？**　胸に手をあててみてください。謙虚に考えれば、いかに多くの恩恵をいただいていることか、が分かります。人々との出会いに心から感謝出来ない人は、やはり運から見放されます。

ある人から相談がありました。50歳くらいで脱サラし、業界では、そこそこ目立つほどになっていた人です。ため息をつきながら、「業界でいじめに遭っている。足を引っ張られて、不愉快だ」。私はこうアドバイスしました。「その業界のリーダー、先達の人たちに感謝の表明はされたのですか？　あなたは後から参入したのです。であれば、業界のために何かお役に立つことはないか、尽力すべきではないですか？」。その人曰く、「全く、そのような配慮をしていませんでした」。大いに反省し、ただちにその業界の方に感謝を表明して、挨拶回り。それからというもの、取引は見違えるようにスムーズになったといいます。

運の良い経営者を目指すには、お世話になっている人たちへの細かい気遣いが欠かせないのです。

感謝は、運を呼び込みます。感謝の言葉は「ありがとう」です。あなたは、朝起きてから寝るまで一日に何度「ありがとう」と言っていますか？**「ありがとう」は、奇跡の言葉といわれています。一日に100回は「ありがとう」を心で唱え、口に出して言いましょう。**こうした心がけが運を呼ぶのです。「有り難い」と思う、他人に手を合わせる――。その心が、「ありがとう」の言葉を紡ぎ、あなたに幸運をもたらしてくれます。

29 同類親和と子育て

「鯛は鯛で群れをなし、鰯は鰯で群れをなす」という諺があります。善い人は善い人同士で集まり、悪い人は悪い人同士で集まる、ということです。また、運の良い人は、運の良い人同士で集まるものです。

業界をリードする仲間に入れていただけるか、それとも異端児のままで行くか。仕事の充実ぶりは相当違います。素晴らしい先生と出会って、その先生を囲む勉強仲間に入れるかどうかでも、違ってきます。何事でもSとAの集団に入るよう努めている人は、一皮、二皮と剥けて成長していきます。

私は今、心配しています。若い人たちの間に、結婚は急がなくてもよい、という風潮があることです。本当にそれで良いのでしょうか？　若い人たちは同じ考え方で集まり群れをなして、結婚は遅くてもよい、と一様に勘違いしているのではないか、と危惧しています。同類の集団は、私たちが何をアドバイスしても、聴く耳を持っていませんから、そんな暴論が正論としてまかり通り、明日の日本をゆがめてしまいかねません。

考えてもみてください。子どもを育てるには、どれほどの期間が要るのか。大学を卒業するにも、最短22年もかかるのです。逆算すれば、簡単に結婚の年齢が決まるはずです。男35歳で子どもをもうけるとして、その子どもが大学を卒業するのは、57歳です。

私は、３人目の子どもを35歳でつくりました。この年齢がギリギリの限度と思いませんか？　それ以上遅くなればなるほど、年老いてから子育てをしなければなりません。それは大変ですよ。定年後の収入は、相当減額になりますから。

孫も元気なうちに可愛がってやる必要がありますよ。「晩婚で良い」という間違った考えのグループには入らないでください。30代前半で出産を終えないと、あなたが50歳になったときには少子化でマーケットは縮小し、不況がきます。50歳過ぎに収入が途絶えると、大変苦しくなるのです。お互いが長期的な観点で物事に手を打っておくことが必要なのです。あとになって、どんなにもがいても時間は取り戻せません。

もうひとつの危惧。結婚相手との出会いです。殆どの若者が、見合いはダメという風潮があります。皆さんは就職のときは、どうしましたか？　いろいろと会社案内を研究し、面接に行き、出会いをつくったはずです。結婚は就職より難しいかもしれません。多くの人と見合いをして決めたほうがはるかに良いと思いませんか。何でもいろいろと吟味して決定するはずです。なのに、結婚は別？

私は懸命に仕事をしていましたから、恋愛なんて出来る状況ではなかった。見合いを何度かして、家内と出会いました。商売をスタートさせたものの20日間で挫折した時、大胆にもプロポーズしたのです。

30 社会貢献

社会貢献の筆頭は、家庭を持ち子どもを3人つくることだと思うのです。結婚しても子どもに恵まれない人がいます。だから、つくれる人は3人はほしいのです。家族構成には、夫婦に少なくとも2人の子どもが必要です。少子化は大きな社会問題です。

立派な家庭をつくりつつ、社会の一員として社会貢献する。そして、一致協力して社会全体の品格を上げる責任が、私たち国民にはあるのです。多岐にわたる社会貢献は、富国有徳の国創りに参加することであり、国民の重要な義務なのです。その義務を果たさず、運が良くなることはないのです。

今は、あまりにも自分中心の勝手な言い分で生きている。早く軌道修正しないと大変なことになります。いや、すでになってしまっているのです。そこで、次のような取り組みが必要です。

① 過当競争を阻止する政策を打ち、企業の利益が上がるようにする
② 早く結婚し家庭を持てるよう仕組みを考える
③ 成人のアルバイトを組織して利益を上げている企業には厳しく指導
④ ブランドを育成するため、メーカーによる再販価格の維持を認める
⑤ 弱肉強食の理論を排除し、中小企業を育成する銀行に優遇措置を講じる
⑥ 体に良いものを食べる「バランス栄養学」の教育を行い、外食産業も指導する
⑦ 24時間営業の見直しをし、健全な生活へ改善する

挙げればきりがありません。誰もが「明元幸」の人生を送れるよう、社会全体で改善する必要があります。身勝手な言い分や好き放題の考え方・事業内容を是正し、健全なる社会貢献へと、日本は大きくギアチェンジすべきです。

31 信頼

運の力、運を味方につけるためには、信頼を集めることも大事です。運よく人生が回るのに欠かせないのが信頼です。**信頼関係で、全ての団体・組織が構築されています。**

まず、個人として信頼を得ることが出発点です。どうしても、私たちは保身本能が働き、自己中心的になりがちですが、社会のルールを自分勝手に解釈しないことです。

「ウソは泥棒の始まり」と、子どもの頃よく言われたものです。今、この言葉は死語になっていませんか？　自分の利益のためには、少々他人をだましても構わないという人が見受けられます。ウソ偽りのない人になること。これも信頼をいただき、運を味方につけるうえで重要です。

時間の重みを軽視する風潮も気になります。「同類親和」の項でも触れましたが、結婚・子づくりにしても、「人生時計」という時間の観念を欠いていて、遅れ気味。

時をかけて熟成してきた伝統文化も失われつつあります。アポイントを取って訪問する際も、平気で10分前にお見えになる方も多いのです。待ち合わせの際は10分前に行き、お待ちするのが常識ですが、アポイントを折角とりながら10分前に訪問したのでは失礼に当たります。相手の時間を大切にすることは、すなわち相手を尊敬し大切に思うこと。そこから、相手の信頼が得られます。

両親、先生、上司、先輩、友人への尊敬の気持ちがない人は信頼されず、運から見放されます。学校で、先生と生徒の関係を友達感覚で教育していることは大変問題です。尊敬することを教えないと、人生から運を遠ざけていきます。分相応の生き方をすることも、信頼獲得に重要です。見栄っ張りでは、社会の信頼を得ることはできません。謙虚に、分相応に生きる。肝に銘じていきたいものです。

32 評価

高い評価をいただくのは、他人の期待を上回る実績を上げたときです。評価は他人がするものです。自分には甘く、他人には厳しいのが常です。**他人の評価点**

数が高く自己の評価点数が低い人は運がプラスに、他人の評価点数が低く自己の評価点数の高い人は運がマイナスになります。

自分は努力しているのに、とついつい自己採点に走る傾向があります、自己の点数と他人の点数のギャップが問題です。努力だけでは他人は評価しません、評価の目安は成果です。では、成果だけ出せばよいのかというと、それも違います。その仕事の遂行の仕方、取り組み、心意気など多方面で評価をしているのです。表面的な仕事をしていると、たとえ成果を出しても、業務遂行の姿勢が問題視され、あまり高い評価がされない結果になります。

努力＋成果＋取り組み姿勢など、評価対象は広範にわたります。他人から高い評価をいただくのは厳しいものです。運をドンドン落としてゆく人は、自分で都合の良い評価をします。上手くゆかないのは他人のせいにします。どんな評価を受けても謙虚に反省して、より努力をすれば、いずれ評価も高まるものです。

あなたはどうでしょう？　努力はしているが、成果が出ないのは周囲が問題だ、と「他責」に振っていませんか。周囲の期待以上の働きをすることこそ、人生の大きな幸運をつかむことになるのです。「自分は努力している」というのは、ピンポイントに過ぎません。他人は総合力をじっと見ています。あなたの運が上向くのは、そのような多岐にわたる評価でＳ・Ａクラスに入るかどうかにかかっています。

売り上げ順調の企業が、大きな事件を起こすことがあります。そんな企業は、自分勝手な論理で経営をしているのです。天の位置から見る。つまり、**社会全体への善なる行為、利益であるのかどうか、が問われているのです。**一企業の利益優先は結局、破綻します。天の位置での多岐の評価が全て整ってこそ、永続的評価につながり、本物の価値ある評価をいただけるのです。

個人も会社も、次の評価項目に見合う遂行力を問われるのです。

①　争わない、人の話を聞ける人
②　知恵を出し、期待以上に応える
③　徹底出来る人＝ぶれない人
④　何事も成果につなげる人＝極める人
⑤　計画的で時間を大切にする

⑥　社会・会社・周囲への善なる行為なのか？

それぞれの項目で、普段の行動を見つめ直してみてください。

33 身だしなみ、服装

運の力を集めるには身だしなみ、品位がとても重要です。周囲に失礼のない服装、着こなしをする必要があります。Ｓ・Ａクラスの人は、品位を大切にする人でもあるのです。地味過ぎず派手過ぎず、少し若々しくフォーマルな着こなしをしてこそ一流の人物といえます。

ホテル、パーティーなどにふさわしい着こなしも大切なことです。ＴＰＯを大切にしてスポーツはスポーティーに、アウトドアはラフに、お祝い事はドレッシーに、公式の場はフォーマルに、その時々に合わせての服装、着こなしが出来る。これをＴＰＯと言います。

Ｓ・Ａクラスには、正統派のおしゃれが重要です。最近省エネのため、夏場はクールビズが主流になりましたが。クールビズをいかに品よく着こなすか、が問われます、ノーネクタイはややラフになりがちです。ノーネクタイの時はカラーシャツや柄シャツなどでアクセントをつけるとか、ラフにならないように品よく決めたいものです。

首尾よく運を集めるには、やはり信頼が大切。その一つが服装なのです。正統派で品格ある服装を着こなすことです。無難な色の主流は紺系、グレー系。私は20代にはあえて落ち着きを演出する茶系の背広を、30代では紺系で細かい柄の背広を、40代では無地の紺の背広でズボンは無地グレーと2トーンで着ておりました。40代は若々しい着こなしを、と背広にはメタルボタンを使いました。背広の胸ポケットにはシルクのホワイトのハンカチーフを挿してフォーマルな装いを醸し出しました。さらに私は典型的な胴長ですから、ズボンは足長を演出する膨張色の明るいグレー系にしています。50代からは上場をしたこともあり、もっとよりフォーマルにと、上着・ズボンとも無地の濃紺の背広にし2トーンは止めました。

無地の濃紺の背広は色が微妙に違います、上下の組み合わせが分からなくなりますから、上着とズボンに番号を入れてペアが判別出来るよう工夫しました。背広のメタルボタンはいろいろあるので、ボタンの種類でどの背広かを判断するようにしました。

62歳で社長を退任してからは再度ズボンを無地のグレー系に戻して40代の着こなしへ戻しました。若々しい60代のシニア誕生です。背の低い人の場合、上着は濃いめの黒、紺などを、ズボンは膨張色のグレー系、オフホワイト系に。背の高い人の場合は逆に上着は色が薄め、ズボンは濃いめの色、紺系か黒系、チェック系をはくと脚が短く見え、落ち着きが醸し出せるのです。

ネクタイの締め方は3種あります。ネクタイの太さにより、3種を使い分けて締めるのもマスターしてください。パーティーに出かける際は、勇気をもってドレッシーにお洒落をしたいものです。葬式も結婚式も全て黒のダブルの背広では、少し残念な感じです。昼はブラックスーツにカマーバンド、蝶ネクタイで装い、夕方からはタキシードでお洒落をしてください。靴は目立たないシックなものを。黒が無難ですが、茶系は茶系の服に。スニーカーはラフで、背広には似合わない。夜、背広を脱いだら上着にスプレーで水をかけてやると、生地が水分を含み、しわも伸び、シャキッとクリーニング後のようになります。仕事以外で街に出る時、海や野山に行く時、ドライブ、スポーツをする時など、場面ごとにふさわしいお洒落があります。「全てに品良く」を心がけてください。運をつかむ人は、どこか一味違うものです。

第四章

エネルギーの力

34 エネルギー

あなたの近くに、仕事もプライベートも人間関係も遊びも何でも元気いっぱい、とても明るく輝いている方はいませんか？　若々しくいつも元気ハツラツな人は、どこからエネルギーを引きだしているのでしょう？　第四章では、そんなエネルギーの話です。

生きていること自体、エネルギーが要ります。エネルギーがなくなったときは、あの世への旅立ち。そのエネルギーはまず食べ物から取ります。当然ですよね、身体に必要な栄養の整った食事を取る。これは健康維持、そしてエネルギーいっぱいの人生を送るために大切な基礎です。食事の件は第十章で触れます。

食事を取ることとは異なる、重要なエネルギー増殖法があります。それは心であり行動であり、人との関わり方です。人からエネルギーをもらったと、よくいいます。それは、どんな時でしょう。例えば、人が頑張っている姿を見ると、エネルギーがもらえます。また、他人から評価していただき、褒めてもらうと嬉しくなり、エネルギーがプラスになります。つまり、エネルギーには、自分でつくるものと、他人からもらう場合の二通りがあるのです。

自分自身のエネルギーがプラスになるのはどんな時でしょう。仕事が上手く行っている、好きな人と出会っている、恋をしている、美味しい物を食べる、好きなスポーツをしている、楽しいイベントに参加する――。心躍る時は、エネルギーに満ち溢れております。

一方、心がすさみ、心が落ち込んでいる時、エネルギーは減少します。常にエネルギーをプラスにするためには、心のコントロールがとても重要なのです。あなたは音楽が好きですか？　もし大好きなら、車で走っている時は必ず、その好きな音楽が流れてくるようにすればよいのです。新しいナビゲーションにはメモリーやハードディスクに好きな音楽を録音させ、エンジンをかけると音楽が流れ放しになります。

私は大好きなモダンジャズ、ブルースジャズ、演歌などをたくさん入れています。車を運転する間、素晴らしい心躍る音楽が流れております。いつもウキウキ気分で車を走らせています。一人でお風呂に入る時もハンディーステレオを脱衣室に持ち込みます。そして、好きな音楽を聴きながらノンビリ湯船に……。音楽で至福の時間を満喫し、エネルギーをもらいます。

エネルギーは、心がワクワクすることを連想するだけでもいただけるもの。**仕事もスポーツも勉強も、心が喜んでいるときはエネルギーいっぱいで、効率も上がり成果につながるのです。言い換えれば、何事も楽しみながら喜んですれば効率は上がるものです。**会社の事務所にＢＧＭを流すだけでも、仕事がはかどります。例えば、社員の送迎バスに元気の出るＢＧＭを流してみる。それも低音をバッチリ利かして高音質のステレオで……きっと元気をあおることでしょう。

35 明るい心

前項で触れた「音楽を聴いたり、好きなスポーツをしたりしてエネルギーを取り込むこと」以上に重要なのが、明るい心です。

明るい心はエネルギーをつくるうえで欠かせません。朝起きてから夜寝るまでの間、心を常に明るく維持する——。エネルギー充満のポイントは、この気分の持ちように掛かっています。朝起きてから何も考えず淡々と生きる、もしくは暗い心で過ごしていると、エネルギーが欠けてしまいます。布団を上げる、顔を洗う、食事をする、電車に乗っている、車を運転している――あらゆる時・場面で明るい心を意識して生活するのです。

自分の心は自分でコントロール出来るのです。明るい心が持続するよう意識的に訓練することが必要です。それが生活の中で持続出来れば、あなたは周囲の人から「元気ハツラツ、明るい人ですね」と評価をいただくことになるのです。勿論１００％は無理でしょうが、明るい心を持ち続けることの重要性が、少しはお分かりいただけたでしょうか？

歩いている時も、電車に乗っている時も、何も考えずにボーッとしている――。そんな人が意外に多いのではないでしょうか。心の明暗は顔に出ていますよね。無表情の人は、心が明るくないのです。「人生は良い顔づくり」という人がいます。良い顔は心が明るい人、不平不満がなく常に感謝の心が充満していて全てに喜んでいる人なのです。言い方を変えれば、**心が明るい人は、いつもニコニコと微笑が絶えず、エネルギーに満ちています。**

あなたは良い顔に自信がありますか？　さあこれから、良い顔づくりにチャレンジしてください。そしてエネルギーいっぱいの人生へと舵を取って下さい。

㊱ 明善愛信健美与

明るさこそエネルギーの元です。その明るさの同義語に、明善愛信健美与（めい・ぜん・あい・しん・けん・び・よ）の7文字があります。この7文字は全て明の仲間で、全てエネルギーを生むことが出来るのです。逆にエネルギーを失うのは、7文字の反対語です。並べてみましょう。暗悪憎疑病醜奪（あん・あく・ぞう・ぎ・びょう・しゅう・だつ）です。

善とは文字どおり、良いことをする。何事をするにも善いことをする、善なる行為でエネルギーはプラスになります。悪い事をしても、憎んだり疑ったりしてもいけません、病気だと元気が出ません、醜い心・行動もエネルギーにはマイナスです。他人から物や手柄を奪うのもご法度。

普通の人は、明善愛信健美与と暗悪憎疑病醜奪の両方が入り混じって生活しています。人生の質をより高めたいのであれば、プラスに働く前者の７文字をしっかりと心に植え付けましょう。できるだけこの精神で行動すれば、エネルギーはドンドン増殖されます。後者の負のほうへ傾けば、人生の質は悪化します。

毎日の私生活で、明善愛信健美与の前向きな心遣いと行動を徹底すれば、素晴らしいエネルギープラスの効果が出てきます。自分自身のことだけではありません。家族や、社内外の人間関係など全ての関わりに、この判断基準をあてて生活全般を見直してください。

プラスとマイナスを天秤にかけ、常にプラスが圧倒的に多い人は、元気いっぱいハツラツとしています。例えば、部下が大失敗をした、とします。あなたは、明善愛信健美与、暗悪憎疑病醜奪のどちらで処理をしますか？　その結果は全く違ったものになります。できるだけ、誰にもプラスに作用する前者の方法で処理をするよう心がけましょう。

人生謳歌の７文字の効用を肝に銘じて生きたいものです。

37 失敗

明善愛信健美与の心で実行しても、失敗することはあります。すると途端に暗くなり、失望し、立ち上がれなくなる人がいます。できるだけ失敗のないよう慎重に事を運ぶ必要がありますが、口で言うほど簡単ではありません。失敗に気が付けば、まだ改善の余地があり将来への布石が打てます。しかし、**厄介なのは失敗に気付かないこと。**これでは対処のしようがありません。**失敗を知らずにいることこそ大問題なのです。失敗を教えていただける経験豊富な師・先輩・ブレーンとのお付き合いを深めましょう。**いろいろな事を温かく見守り、指導していただける方を大切にしたいものです。

人生に失敗は付きものです。しかし、ものは考えよう、です。失敗を、将来の成功へのチャンス到来と受け止めるのです。こんなときこそ、心まで暗く落ち込まないよう、つまりエネルギーを失わないように気をつけましょう。たとえ暗悪憎疑病醜奪の事象が起きても、エネルギープラスへの転換を心がければ、マイナスのエネルギーは少なくすることが出来ます。

今、急に頭が痛くなった、とします。どう対処しますか？　殆どの場合、風邪かと疑いますね。そう思うと、身体は脳の考え方に従いますから、熱や咳が出たりするようになる。本当に風邪を引いてしまう。頭痛は薬を飲んだら治る、と思えば頭痛で止まる。頭痛は疲労から来ているようだ、少し寝ようと、身体を休ませれば治るものです。疲れたから寝ようと思うと、長時間、横にならなくてはいけません。しかし、疲れはひと寝入りすれば回復する、とプラスの心で処理すると、短時間で回復するのです。

たとえマイナスの事象が起きても、プラスになるように処理をするのです。「マイナスのことは、思うな言うな」。先達からよく指導してもらいました。何事もエネルギーをプラスにすることは、とても重要です。

38 目標

エネルギーをプラスにするために目標を掲げることもあります。その目標に向かい前進しようとする強いエネルギーが生まれるからです。ただ掲げるだけの目標ではなく、**必ず達成する目標、いや達成してしまった状況を描ければ、すごいエネルギーを生むことが出来るのです。人生を成功させるにも、自分が成功した姿を想像出来るまで目標を確定すると、強いエネルギーが生まれます。**そして達成へ向かってエネルギッシュに邁進出来るのです。

今、私はこの本の原稿を書いております。この本が店頭に並ぶ、多くの方々に読んでもらって絶賛される、出版記念パーティーを開催する、講演依頼がひっきりなしに舞い込む――。そんな至福の状況が描ければ、執筆の苦労など、どこかに吹っ飛ぶのです。エネルギーに満ち溢れ、ドンドン執筆が進むものです。

あなたも目標を掲げ、そのために頑張った経験がきっとあるはずです。**目的達成のプラスエネルギーを生み出し、大いに活用する習慣を身につければ、何事も前に進んでいきます。**そのなかで、輝く人生が創れるのです。

私は40歳の頃、事業の成功と「明元幸＝明るく元気に幸福に生きる」人生の両立を目標に掲げました。以来、人生は大きく変わりました。社長の職を62歳で退任後、明元幸の目標から大きなエネルギーをいただいている、と実感しております。

あなたは光り輝く人生のため、いま目標を掲げておられますか？　私には何も出来ない、と初めから諦めてしまえば、それまで。ただ平々凡々の生活が待っているだけです。一度だけの人生、有限の人生です。人生を燃焼させるために、前向きのエネルギーを使わないのは本当にもったいないと思いませんか。

39 自己暗示

自己暗示をエネルギープラスに使うかマイナスに使うか、とても重要なことです。

できるだけ自分のエネルギーが増殖するような、プラスの自己暗示を心がけましょう。あることが達成出来たというイメージを具体的に頭に描きます。さらに自分はどんなことがあってもきっと達成出来る、と強く自己暗示をするのです。

前向きでエネルギッシュな自分を創るためには、プラスの自己暗示は欠かせません。**些細なことでもきっと上手く行くと、プラスの自己暗示をしてください。プラスの自己暗示が、プラスのエネルギーを創出するのです。**逆に、そうは上手く行かないだろうとマイナスの自己暗示をすると、エネルギーもマイナスになるのです。結局、エネルギーが決定的に不足して、芳しい成果がもたらされることはありません。


イチロー選手は毎回、バットを片手で真直ぐに立ててバッターボックスに立ちます。これは私の推測ですが、きっとプラスの自己暗示をかけているのでしょう。こうすることでヒットが打てる、とみずからに言い聞かせているように思うのです。だから、あれほど多くのヒットが打てるのでは、と。

イチロー選手のあの姿をみて、私は感じることがありました。何でも上手くいく、と良いイメージを描いて取り組むようにしています。その結果、相当の成果があがってきました。

ゴルフの場合がそうです。あそこはＯＢだから打ち込まないように、と思うと不思議にＯＢに行くのです。だからＯＢは無視して、ベストの場所へ打つようイメージしています。そして自信を持って打てば、ミスが減るものだ、と実感しております。

明るい予測、明るい自己暗示が人生を好転させます。そして、成功の確率が高まるのです。

㊵ 感性

感性のいい人は、何を見ても何をしても常にエネルギーをプラスに転換できます。我々の日常のあらゆる現象にエネルギーを感じ、そのエネルギーを自分に取り込める。感性がいい、とはこういう人を言います。例えば、次のようなときエネルギーをいただける人です。人が努力する姿を見る、素敵な音楽を聴く、素晴らしい絵を鑑賞する、青空を仰ぐ——。**日常の些細な場面にも感動する心が大切です。こうして感性を高めることが、エネルギーをプラスにしていきます。感性**

の高い人は、あらゆる現象を組み合わせ、新しいモノやコトが創造できます。

我が家には、楽しかった思い出の記念品がたくさんあります。ビーナス像はギリシャで買いました。モナコ宮殿を描いた油絵はモナコF1観戦のとき購入。家内と一緒に初めて行ったヨーロッパ旅行、その土産に買ったのはモンマルトルの丘をモチーフにした油絵。ベニスで買ったグリーンのステキなガラスカップは今も大事に使っています。東南アジアを初めて旅したときは、タイの華麗な演舞人形を買い求め、ハワイに行った時には成功の神様の像を入手。憧れのフェラーリの模型も数台あります。

写真にも思い出がつまっています。スキーに興じたり、魚に囲まれてダイビングしたり、富士山をバックにゴルフを楽しんだり……。尊敬する先生からいただいた「気」の額、ステレオのラックの上の100輪の黄色いバラの花、大好きな上村松園の絵が数点。観るたびに感動するものが、我が家の各所にあります。高級なものではなくても、観れば心踊るのです。

庭や、玄関の階段には秋から初夏にかけて黄色いビオラの鉢が数十鉢並びます。

初夏から晩秋まではピンクのブリエッタが豪華に一面に咲き誇ります。私の感性はそんなレベルですが、目にするたびにウキウキしてエネルギーを充満させるのです。

そんな些細なことでは何も感じないという方もおられることでしょう。しかし、**日常の生活の中に喜びを見出し感動するよう習慣づけることも大切なのです。その積み重ねがあなたの感性を高め、エネルギーを生み出す大きな力になるのです。**

41 四季

日本は四季がある素晴らしい国です。その四季からもエネルギーをいただくことが出来るのです。そのエネルギーの量・質は想像以上です。

早春に薫る梅の花、たけなわの春は満開の桜に芝桜、初夏はチューリップ畑にまぶしい新緑。夏は海水浴に緑滴る山、ひまわり、花火、夏祭り。秋は紅葉にコスモス、月見。冬は白銀にスキー、スノーボード。挙げていけば、じつに多彩な風景が四季折々、列島を染めていることに気づきます。

こうした自然の素晴らしい移り変わりを、あまり意識せずに生活している方が結構多いのです。四季に向き合えば、エネルギーいっぱいに生きることが出来るのに……。もったいないことです。**細やかな四季に接することで、日本人特有の情緒とか感性が育まれていくのです。**

四季のおかげで、ファッションを楽しみ、エネルギーをいただくことが出来ます。常夏の国では年中シャツ一枚でOK。楽ですが、季節の移ろいを装いで楽しむことが出来ません。日本では季節に連動した服飾が心を弾ませてくれます。特に女性の皆さんは心ときめかせて、季節の到来を待ちわびておられることでしょう。だから、女性のほうが男性よりエネルギーを集めることが出来て、長生きされているのかもしれません。男性軍も女性に負けず、ファッションを楽しみたいものですが、ネクタイ、シャツ、カフスボタンくらいで工夫の余地はそれほどありませんね。私は、ネクタイとカフスボタンに少し変化を心がけておりますが。

四季を衣服や行事、庭の花の手入れなど生活に反映させている日本。恵まれた自然の暦を、暮らしのエネルギーに転化しようではありませんか。

㊷ 趣味

趣味を持つことにより、エネルギーを創ることが出来ます。仕事の出来る人は、どんどん仕事に集中して頑張る傾向が強くなります。仕事人間はストレスを抱え込む羽目になりやすいのです。ストレス解消が健康維持にとても重要です。**忙しい人ほど、仕事以外でバランスを取る必要があります。**できれば趣味を持ちましょう。**特に「仕事が趣味」と言っている人こそ、趣味が必要なのです。**忙しい人は時間がとれません。どうしても趣味は後回しになります。忙しい人は計画的に時間をひねり出し、年間に数回、趣味を楽しんでください。

私の一番の趣味はスキーです。年間15日程度滑るのですが、本当にエネルギーをいただきます。

毎年、初滑りは大変です。８か月のブランクでスキーに使う筋肉は相当に弱くなっているのです。体力的にスキーはダメかと思うぐらい疲れます。しかし、５日程度頑張って滑れば、人間の体は素晴らしいもので、筋力も回復し、一日中滑ることが出来るようになるのです。

筋肉は使えば使うほど身に付くものなのです。年間2〜3日だと筋肉が回復するまでに至らないのです。だから多くの人が体力の要る趣味は止めてしまうのです。また、趣味はグループを作っていないと、一人ではすぐに止めてしまいます。私はダイビングを15人程度のクラブで楽しんでおります。声を掛け合っておかないと、ついつい足が遠のくのです。

ゴルフを、私はお付き合いと趣味の両面でやっております。おかげ様でここ15年くらい平均スコアは88点で推移しており、67歳までは平均スコアは悪化していません。社長時代は年間20〜30回程度、ここ数年は8回程度と減ってしまいましたが、楽しいものです。

知人の中にゴルフをやめる人がおられます。ゴルフは、年を取ると飛距離が落ち、目に見えて退化がはっきりします。それが面白くないのでしょう。たしかに、あまりにスコアが悪化すると、エネルギーをいただくことが出来なくなるかもしれません。スコアが残る趣味はエネルギーをもらうための趣味としては、やや不向きかもしれません。そこで、スコアを気にせず喜べるようにしなくてはなりません。

その点、カラオケは高齢者もそれなりに歌えて、長く趣味として楽しめるかもしれません。一生楽しめる趣味は絵画、ダンス、カラオケ、囲碁、将棋、マージャン、カメラ、俳句など、いろいろあります。40歳を過ぎれば、着手しておくことが必要です。今、無趣味という方、是非、趣味の一つや二つは身につけて、人生の動力にしておきましょう。

43 五感

視覚、聴覚、触覚、味覚、嗅覚の五感をフルに使えば、エネルギーが注入されます。これまで五感をエネルギーに連動させることはあまりなかったかもしれませんが、意識してエネルギーに結び付けることにより、新しい活力がいただけます。心が喜べば身体が喜び、肉体の活性化につながり、身体がいつまでも若々しく維持出来るのです。

五感の感受性を高めれば、些細なことでも喜べます。感動し、嬉しくなります。

その嬉しい心は当然、身体の活性化につながるのです。心の底から、あらゆるものが喜べる人こそ、パワフルな人生が送れます。

これまで感性、四季、趣味で取り上げましたが、**季節や趣味を五感で感動し、感激し、味わい、喜ぶことが大切です。それがエネルギーを発生させ、若々しく元気で過ごす秘訣なのです。**

私の「五感人生」を紹介します。まず視覚。一番の感動は雪山で新雪が木々の枝一面に付いた白銀の世界。そして満開の桜、新緑の山並み、夏のコバルトブルーの海、雲ひとつない青空、大好きなフェラーリの車、海底の素晴らしいサンゴ、カラフルな熱帯魚、フルハイビジョンのTV、ガーデニングで咲き乱れる庭・階段の花……心踊ることがたくさんあります。聴覚では大好きな音楽。モダンジャズにブルースジャズ、演歌。車の中は必ず音楽が流れております。

触覚では入浴の感触。お風呂が大好きです。特に水風呂は最高です。そして味覚。何を食べても美味しい。嫌いなものは少ないのです。季節のみずみずしい果物はとりわけ美味しいですね。特に富有柿、巨峰、マンゴー、スイカ、デコポンが至福の好物です。最後に嗅覚。かぐわしい花の香りに癒やされます。

あなたの五感は、何を心地よく受け止めているのでしょう？　具体的に挙げてみることをお勧めします。

44 新しい人生

第四章ではエネルギーの力をテーマに取り上げました。

エネルギーは成功者の基礎をつくります。人間が生きていくのに血液が要るごとく、人生を輝かせ元気に生きるためにエネルギーは重要な要素です。いや活力の源です。

この世に生を受けて、ここまで生きることが出来ました。この命をよりよく活かしていくためのエネルギーを満身にいただき、今後、より明るく元気に幸福に生きていきたいものです。周囲からエネルギーをいただき、自分でもエネルギーを創出して、元気いっぱい明日の人生を拓いていきましょう。

成功する人は必ず前向きでエネルギッシュです。**朝の目覚めから就寝まで、どんな些細なことでもエネルギーがプラスになるように結び付けてください。さら**

に素晴らしい自然を五感で受け止め、全てのものをエネルギープラスに変換していきましょう。

最初は不十分でもかまいません。徐々でいいですから、自分のエネルギーをつくり出す思考・生活パターンに切り替え、新たな人生のスタートにしてください。これまでくすんでいた人生も、きっとキラキラ輝き始めます。

すぐにでも実行出来ることがあります。**毎日の食事は、美味重視から身体に良い食事に変更してください。そして明善愛信健美与の心遣いと行動を実践する。心の底から湧き上がる喜びを実感する。**そのようにしてエネルギーの力いっぱいを目指せば、仕事がはかどり、きっと明るく元気な楽しい人生が送れます。

エネルギーの力で、あなたの人生は見違えるように変わります。

第五章

心の力

㊺ 自分の心

第五章では心について考えてゆきましょう。「心の法則」を十分に理解し、心を上手にコントロールすることがいかに大切か、具体的にお話しします。

心は、ころころ変わるもの。しかし、**成功・不成功は、全て自分の心一つで決まることも事実です。自分の身体は、自分の心が支配しています。**本当に落ち込んだ時は、食事も喉を通りません、動く気力もなくなります。一方、心が晴れ晴れしていると、何だかウキウキして何でも軽やかに事が運びます。

現在、あなたの置かれている生活状況は、全てあなた自身の心が選び、行動した長年の結果なのです。いや、心が選び導いた結果なのです。心が「こうありたい」と思わないと、そうならないのです。

仕事をしたい、遊びたい、海外に行きたい、成功したい、お金持ちになりたい、幸福になりたい、もっと元気になりたい、明るく元気に幸福に人生を謳歌したい、素敵な恋人がほしい、良き伴侶がほしい——全て心が思うことから始まります。何をなすにも、心が出発点なのです。そうなりたいと思えば、その方向が定まります。その方向に近づくためのスタートラインに立つことになります。

一般には、「ありたい」のプラスの心と、「諦め」のマイナスの心が交錯します。しかし、心は一つ。プラスに使うかマイナスに使うかのどちらか一つ。心は同時には二つのことを考えられないし、命令出来ないのです。「一度に二つの心は使えない」。これはとても重要なポイントです。

出来る、上手くいく、大丈夫……全て心をプラスに使う癖、習慣が身についていれば、その人はドンドン前向きになり、なすべきことが出来ます。逆に、自分には難しい、ダメだろう、と否定的な心が頭をもたげると前進出来なくなります。そのマイナスの心をどう自分の心から締め出すか。これが成功・不成功を分けるカギになります。私はダメと思うと、本当にダメになるのです。私自身の経験でも、マイナスの心で上手くいったためしがありません。

一度しかない人生です。心ときめき、ワクワク明るく元気に幸福に生きるために、心を上手に使いましょう。自分の心は自在に使えるのです。後ろ向きの心は、百害あって一利なし、です。

心のコントロールの達人に変身する——。そう覚悟を決めれば、成功者へのパスポートをもらったようなものなのです。

46 成功の心

あなたにとって成功者のイメージとはどんなことでしょうか？　豪壮な家を建てる、仕事で業績を上げ重役になる、自分で独立し社長になる、素敵な伴侶と幸福な家庭を創る、好きなサッカーのワールドカップを観戦に行く、高級車に乗る（それはベンツですか、ＢＭＷですか、アウディですか、レクサスですか、フェラーリですか、ポルシェですか、キャンピングカーですか）——。それぞれのイメージがあることでしょう。今働いている仕事を極めたい。それも素晴らしいことです。

では、そうした目標に向かって、あなたの心はどのように働いておりますか？何が何でもその目的に前進するぞ、という強い決意をお持ちですか？　成功したいと思うのは、ほかならぬあなたの心なのです。そして、無理だ、と後ろに下がるのもあなたの心です。**成功するも成功しないも、ひとえにあなた自身の心次第。絶対に成功したいという心が湧き出れば、一歩前進です。成功の姿を描いて、一路邁進を決意する。そこに成功への心が生まれたことになります。**

私が20歳のときです。働いていた西本産業（現・エルク）の西本晴男社長（当時36歳）は、はつらつとしておられました。その姿に感動し、何とかそのように輝いて生きていきたいものだと思ったものです。そして、手にした一冊が、成功哲学の本。自分も社長を目指そうと心が動いたのです。よしチャレンジしよう、成功者になりたい、と強烈に心が動いたのです。勿論、本当に社長になれるのか、と不安もよぎりました。

高校しか出ていない私でも、会社を創業することが出来ました。山あり谷あり、まさかの坂あり、と波乱万丈の人生ではありましたが、多くの人の力を借り、多くの人との出会いをいただき、事業家として本当に幸せな人生を歩んでまいりました。社長になりたい――その心が芽生えたのがスタートです。

成功への導火線はもうお分かりですね。是非、あなたの手で火を付けてください。

47 気を入れる

あなたは、一ランク上のステージに立ちたいと思いませんか？　家を買う、車を買う、旅行をする、仕事で実績を残す、会社で評価を高める、今の会社で高い地位につく、独立する――。前向きに考え、力を振り絞り、その道を歩むのです。

目標を獲得するには、そうありたいと力強く思うこと、気合を入れることが大切です。**強く思うことは、気を入れることなのです。何事も気を入れて、事に当たらなければ達成する力が出ないのです。**気の抜けたビールはまずいのと同じです。**気を入れなければ、何も前に進まないのです。**

スポーツも気を入れてやらないと、上手になりません。本気になれば気が入るのです。他人からいろいろアドバイスをいただいても、自分の心が素直に受け入れ、本気にならないと何も出来ません。成果も出ないのです。本気になるかどうか、全て自分の心が決めているのです。

私はＦ１大好き人間です。運良くモナコＦ１グランプリにご招待を受けました。

特別に金曜日、マルボロ主催の華麗なるFI前夜祭にも参加させていただきました。勿論タキシード姿です。同じテーブルに超有名な女優・鈴木保奈美さんもおられました。F1解説者の川井一仁さんも感動の極みでした。

でも、もっと感動したのは、そのF1ツアーに参加していた新婚のカップルでした。新郎は大のF1ファン。どうしてもモナコGP観戦に行きたいと、フィアンセにF1の魅力を何年も徹底教育。ついに新婦もF1ファンになり、結婚式をモナコF1グランプリに合わせて挙げることに……。新郎の素晴らしい熱意と行動力に脱帽です。「念ずれば花開く」を実行した新婚カップルです。

もう一組、周囲も驚くほどの大声援を送る若い二人連れの女性がいました。会社には5年前からモナコF1グランプリへ是非行きたいと願い出ていたそうです。そして、モナコGP観戦ツアーに出かけている期間は休ませてほしい、ただしそれまでは何でも100％会社の命令に従います、と。それを見事にこなし、会社への貢献が認められ、念願のモナコGPへ。このお嬢さんたちの意気込みに心を打たれました。

気を入れて本気になれば、遠くにあって夢のようなことも手繰り寄せることが出来る。そのお手本をモナコで目の当たりしました。

48 素直な心

あなたから見て素晴らしく輝いている素敵な人、憧れ・理想の人――そんな目標になる人はおられませんか？　あんな人になりたい、と素直に思う心はとても重要です。でも無理、とまたも自分の心でシャットアウト……。これでは前に進みません。素晴らしい手本を参考にさせていただき、自分の目標を決めれば必ず一歩前進です。

こんな例はありませんか？　仕事上での理想的な人、結婚したい人、素晴らしい家庭をつくっている人、趣味を楽しむ人、健康そのもので若々しく元気な人、素敵な家を建てた人……。見回せば、必ずいらっしゃるはずです。**これと決めた人を目標にしてチャレンジするのです。**その心は、あらゆることを自分のものにする出発点です。

しかし、いやそうは言っても……。後ずさりする心が、人生の好転を目の前にブレーキをかけてしまいます。恥ずかしい、私には出来ない、無理——そんなマイナスの心では幸運は訪れません。繰り返します。**何事も素直にそう成りたいと思う。この願望を忘れないでください。**

目標を作り、成功者に教えを乞い、素直に実行する。そうすれば、何でも、そこそこのレベルに達します。例えばスポーツ。到達目標を決めて、自分でも研究し、上手な人に手ほどきを受ける。そして徹底して練習に打ち込む。これらを素直に実践すれば、簡単に上手になります。ところが、殆どの人が素直に取り組まないのです。私には不思議に思えてなりません。

私はゴルフを始めた時、「１００点を切る」を目標に置きました。すぐに上手になれるよう、ノウハウ本を５冊ほど熟読して練習に集中。そうしたら、何と４か月半で目標の１００点を切りました。素直な心は成功を勝ち取るために大変重要です。

誰だって健康でありたいと願っています。その素直な思いを、なぜ実行に移せないのでしょうか？　健康になる第一歩は食事を変えることです。美味しいものと身体に良いものは違う、と教わり、私なりに食事の勉強をしました。健康維持のバランス栄養学です。１００％は出来ませんが、日頃の食事に取り入れてから8年経ちました。今では老眼鏡が要らなくなりました。白髪も少し減りました。おかげさまで元気一杯です。

そのように目標を決め、チャレンジしていると、不思議なことに新しい情報がどんどん集まってきます。そして、一歩一歩レベルが上がるのです。ゴルフもHD９まで腕が上がりました。健康面では最近、長寿遺伝子をスイッチＯＮする理論とも出会えました。今の目標は「90歳までスキーを続ける」。そのためにも新情報に目配りしながら、健やかな心身の保持のため、出来ることは全てチャレンジしたい――。そう自分に言い聞かせています。

㊾ やり遂げる心

良いことを教わって、それを続けることも、あなたの心次第です。
良いことを取り入れてもすぐに挫折、頓挫してしまう。それは全て、あなたの心の問題です。心がころころ変わるようではダメです。いったん決めたら、とことんやり遂げる。そういう強い心を育てないといけません。

やり遂げる心も、投げ出してしまう心も、あなた次第。こうと決めたら、強い覚悟でやり遂げるのです。そのためには、**心に指令を出し続ける訓練が必要です。**

私が33歳の時の話をします。当時、すぐに風邪を引く虚弱体質でした。そんなとき、ある健康セミナーでこんな入浴法を教わりました。お湯と水風呂に1分ずつ交互に入り、最後は水で仕上げるというもの。寒い2月上旬に開始し、3か月で効果が現れました。あれから早くも33年が経過しました。以来、風邪を全く引かなくなりました。加えて、頭の回転が良くなり、アレルギー性鼻炎も治り、健康そのものです。現在は、ステンレス製の特注風呂を据え、循環ポンプを使って冷水機を24時間タイマーで動かし、夏場は水温を17度に下げて入っております。風呂に入っているとき、夏も冬も最高の心地良さが味わえます。

幸運を呼び込むために、トイレのペーパーを三角（▽）に折ることを教わりました。すぐさま実行し、早くも33年経ちます。このトイレのペーパー▽折りには凄い効果があります。不思議な世界です。ドンドン良いことが、ラッキーなことが起こるのです。自分の家だけではなく、他所でもします。そして小用の際も、▽になっていなければ、▽折りにしています。やり続けて良かったな～と思うのです。こんな些細なことでも続けていれば効果があるのです。「奇跡を呼ぶトイレットペーパー▽折り」と言えます。

やり切るかどうか、決意は全て自分の心のうちにあります。

50 徹底の心

徹底しなければ結果が出ません。それは、あらゆることに言えます。徹底出来るかどうかも、やはり自分の心がけ次第です。

成功するには徹底力が大切、とよく言います。**徹底力を引き出すのは、自分の心です。些細なことでも自分の心で徹底させるのです。**

前項で取り上げた水風呂。徹底して入っております。徹底して持続できれば、アイデアがどんどん出ます。具体的に詳しく紹介します。スタートは33年前の2月。最初はお湯と水の混合栓で温度を20度程度にしてシャワーで浴びていました。その後、水温を徐々に下げて16度へ。みるみる効果が出始め、風邪を引かなくなりました。3か月後の5月頃、ステンレスで特注の水風呂をつくってもらいました。6月には水温が20度を超えます。そこで水温を下げるにはどうすれば良いのか、食品保存容器7個に水を入れて冷凍庫に入れてみました。こうして24時間冷やせば、氷が出来ます。その氷を水風呂に入れて、温度を16度に下げる。このように数年間は氷を水風呂に投入して温度を調節しておりましたが、なかなか面倒。そこでひらめいたのが、24時間タイマー＋循環ポンプ＋冷水機の組み合わせ。温度を自動コントロールする水風呂の完成です。ここ20年は、このシステムで快適な水風呂に入っております。**何事も徹底しないと、アイデアも出ませんし、続きません。**

ゴルフを始めた頃のこと。税理士事務所の先生から、ゴルフはお付き合いでするのだから、スコアカードはチャンと残していると聞きました。そこで私は薄い手帳にスコアを書き残すことにしました。同伴プレーヤーの点数もアウト、インを記載しております。現在まで29年間、全てのスコアを手帳にメモし、常時その手帳を持っています。この徹底ぶりに、多くの人から評価をいただいております。最近では、体を若く保つための5分間体操を毎晩、お風呂の中で行っております。入浴時にすることで決して忘れません。徹底出来ます。また、体に良い食事を、と酵素をたっぷり含んだ生味噌にジャコや海藻、ネギなどの具を入れた味噌汁を一日三食、徹底して飲んでおります。

些細なことかもしれませんが、何でも徹底的にすれば、お褒めいただいたり、結果が表れたり、アイデアが出てきたりするものなのです。

貫徹の心が、あなたの人生に実りをもたらします。

51 集中の心

事が成就する、しないの差は集中力ではないでしょうか、この集中力を発揮させるのも自分の心です。何事も徹底し集中することで成果につながります。集中力とは、一つのモノ・コトに傾注し、事を成すことでしょう。

仕事も遊びも趣味も暮らしの全ては、集中しなければ新しい発見・アイデアや成果につながりません。

あれもこれもでは成果に結びつかない。仕事なら、今の職場・職種で集中してやらなければ成果につながりません。「よその庭は美しく見える」と言います。ついつい、今の仕事より別の仕事が良さそうに見えるものです。何よりも、今の仕事で成果を残す。そのうえで周囲から高く評価され、抜擢される、そして、次のステップへ上がるのです。せっかく出会った今の仕事を集中してやらないと、道は開かれないのです。

私は27歳の時、カー用品店を創業しました。その当時、カー用品店など、どこにもありません。自動車部品の業界は歴史もあり、立派に育っておりました。しかし、オイル交換、オイルの販売、カーステレオ、ミュージックテープ、ワックス程度の細々とした商品・サービスを並べたところで、商売に成ることはありえない、という世評でした。そこで一念発起。徹底した集中力で新しい商品を取り込み、新しい業界をつくることが出来ました。ワイドホイール＋タイヤで車のドレスアップ、カーファッションの流れを付加し、ブームの火付けが出来ました。

カーステレオからカーオーディオへのブームも取り込みました、タイヤ専門店の機能も取り込みました。自社でアルミホイールの開発も成功、大型店舗のノウハウも完成させたのです。創業12年間で全く違ったステップへ上がれました。その間は一切、歓楽街へ足を踏み入れることはありません。あらゆる団体へも参加せず、ゴルフにも一切、手を出しませんでした。自分の事業に集中して、カー用品業界をつくったのです。その12年間はアイデアがどんどん湧き出てきました。振り返れば、よくあそこまで集中出来たものだ、と思うのです。創業9年で300坪の土地を購入し、延べ300坪の本社屋も建てました。

52 一理一念

2年前に刊行した『中高校生の成功哲学』の原稿執筆は、集中力の賜物です。2009年10月16日、出版の合意に達し、発売日は翌10年1月22日に決定、原稿締め切りは11月末。何と45日間しかない。この間、大きなイベントが9日あり、

３泊４日の海外出張もあり。そんな中での執筆でした。毎朝３時55分起床、サーＧＯＧＯで執筆活動、出張にもパソコンを携帯し執筆。予定より４日早い11月26日に９万字の原稿が完成しました。生まれて初めて本を執筆。文章を書くことは苦手ですが、期待に応えようと徹底集中すれば何とかなりました。無理かなと思う時も何度かありましたが、乗り越えました。私の集中力は衰えていないと安堵しました。

このたびの『日本人の為の成功哲學』は11年４月25日より執筆を開始しました。ほぼ毎日未明の１時～５時の間、３時間は執筆です。現在５月27日、原稿締め切りは６月末日。ただ今第五章。これから最終の十一章、あとがきまで一意専心。さあ～自分の怠け心を締め出して、エネルギーを全て注ぎ込め！　負けるな、折れるな、我が心よ。

「一理一念」という言葉があります。一つのことに集中して当たることです。つい、あれこれしてみたくなり、結局全て上手くいかないことがあります。**人間の力は分散すればパワーになりませんが、一つのことに専念し、集中すればアイデアも浮かび、成果につながるのです。**「石の上にも三年」といいます。一つのことに集中するにしても、我慢が大事です。「三日坊主」ではどうにもなりません。

それと、毎日の生活の中でどんなことにも気を入れてください。例えば顔を洗う、頭髪を整える、食事をする、車を運転する、テレビを見る――些細なことにも集中の心を働かせて行うのです。そうすれば、あらゆることを確実なものにするのです。

53 紙一重

成果が出る、上手くいく、運良く運ぶ――。物事が順調に進むかどうかも、自分の心のコントロールにかかっています。**上手くいくのは、心を少しだけ上手に使うから。事の成否は紙一重なのです。**

今年初めてのゴルフ、6か月ぶりに予定が入りました。あまりにブランクが長いので、久しぶりに友人と練習場へ行きました。私は2日連続の練習。一日70球ほど打って大体感じをつかみました。年下の友人は150球ほど。表情は真剣そのものです。彼はまだ100点を切ったことがありません。そろそろ100点が切れる感じがするので練習に誘ったのです。

練習後、こんな話になりました。彼曰く「ゴルフは難しい、難しい」。彼の腕が上がるのに時間がかかるのは、その「難しい」の心にあると思うのです。ゴルフは決して難しくない。球が曲がったり狙ったところへ行かなかったりするときは、打ち方を変えればよい。右へ行く癖があれば、どう打てば右に行かなくなるか、よく考えて自分なりの推測をして次のスイングを少し変える。その練習さえすれば徐々に改善され上手になるのです。スライスやフックにはどう対処するか、ダブると、どう対処するかを構築すればよいのに全てを「難しい」の一言で処理してしまう。心が「難しい」という指示を出していますから、身体も「難しい」ものとして動きます。上手になるはずがありません。

「難しい」と思わずに、打ち方を模索する方向へ頭を切り替えれば徐々に矯正されます。その積み重ねが上手くなる道なのです。だから練習場に足を運ぶのです。難しさを「確認」するために練習をしているのではありません。ほんの紙一重の考え方の差で、成果につながるかどうかが決まるのです。仕事も同じ。成果が出る、アイデアが出るのは、紙一重の心の差です。心の使い方を少し変えてみる。それが大きな差になるのです。

本書をお読みになって、これは大切、と思うところへ傍線を引いていらっしゃると思います。そのようにして少しでも自分を変えようとする人、一方で良いことが書いてあるなぁ～程度で終わる人。わずかな違いに見えます。が、我田引水ながら人生の転機につながるかもしれません。

ラインを入れた箇所を何度も繰り返し読み、素直に自分を変えようとする人は全く違ってきます。この本を一生、年に一度でも読んで自分を見直す人は全く違う人生が歩めるのです。ほんの紙一重の違い。難しくはありません。要は、その気になるかどうかだけです。

54 自主独立

自分の心は自分しか使えないのです。その心を自分の成長に使うのか、ダメな方向へ使うのかは、あなた自身で決めているのです。あなたの心は一つしかありません。**自分を本当に大切に思うのなら、その心を自分の成長・成果へつなげるために使うべきです。**ただ流れに任せ、無責任なマスコミがつくった常識、いや情報操作に振り回されて生きるのではなく、私は私、社会の期待に応えて評価をいただき堂々と自主独立の精神で人生を謳歌しようではありませんか。

タバコが止められない、つい深酒になってしまう、肥満がコントロール出来ない、朝起きが苦手、服装がだらしない——。全て心が幼稚なのです。自己のコントロールが出来ないようでは、一本立ちの大人とはいえません。自主独立の心が乏しい人なのです。甘えん坊が解消出来ない子どもっぽい人なのです。社会人としての誇り・品格を備えた、真の大人になる必要があります。

あなたは社会をリードする立場に向かって進むのですから、自主独立の強い心を持ってください。価値判断の尺度を、損得から善悪に切り替えて、人生を切り拓いてほしいものです。

私の尊敬する先生が駆け出しの頃の話です。自分は甘い、その心を強くするためにと、駅前にゴザを敷き、物貰いを一週間したのだそうです。自分がどん底に陥る経験をあえてしたのです。本気で物貰いもしないと誰も恵んでくれない。それにしても、ぼろぼろの服を着て物貰いをしてまで自立心を鼓舞する実行力、凄い人でした。

ノンベンダラリの生活には別れを告げ、社会貢献の志を抱いて、みずからを一段と高いステージへ導いていきましょう。明るく元気に幸福に生きるために、そして富国有徳の国を創るために……。

55 諦めない

「心の力」の最後は、諦めない心です。普通の人はすぐに諦めてしまうのです。社会で大成した人、成功者、トップを極めた人の殆どは、諦めない心の持ち主です。素晴らしい才能を持ってこの世に生まれてきても、その才能を発揮して行かないと花開きません。優れた天才も一日3時間×365日×10年の厳しい訓練、練習をしなければプロにはなれないといわれます。**何をするにも諦めない心が重要なのです。凡人はすぐ諦める。極める人は諦めません。とことん諦めない人は、**

人一倍努力します。そして忍耐、責任感、自主独立の心を持っています。

マラソンランナー有森裕子さんの講演をお聞きしました。演題が「諦めない」。彼女は高校・大学では目立った選手ではなかったようです。諦めない心でアタックして、リクルートの小出監督に認められます。実績はないけれど、めきめき頭角を現し、初マラソンを日本最高記録で優勝。バルセロナ五輪で銀メダル、アトランタ五輪では銅メダルと五輪で２回連続、表彰台へ。金字塔の実績を残しました。粘ること、諦めないこと。講演では、人生を生きるうえで大切なことを拝聴しました。

何事も自分の心がけで成就出来るのです。仕事も私生活も人生の全てを大いに喜び、明るく元気に幸福に生きるには、諦めないことが肝心です。

マツダの大手下請け会社・Ｉ社長の凄まじいコストダウンの話です。主力納入部品のドアミラーのコストをいかに下げるか――。ホームランはまず無理、そこで一歩一歩改善改革。諦めることなく進めれば、考えられない次元に出来るもんだと、Ｉ社長は言います。パーツを一から見直し、発想を変え、作り方を変え、徹底したコストダウンを図る。この不断の努力で、商品の品質も向上しました。今では品質、価格、工場の効率などが高く評価され、マツダのほかスズキにも納入しています。自動車メーカーの要請により中国、インド、タイにも工場を進出させ、立派な業績をあげておられます。全社員が諦めない改善改革の心・企業風土がそれを実現するのでしょう。

日本を代表する自動車産業の現場は、心血を注ぐコストダウンの力で成り立っているのです。感心します。何事も、始めたら途中で放り出さない。粘り強く継続する。決して諦めない根性が、成功を手繰り寄せるのです。

第六章

創る力

56 片道切符

「人生は片道切符」とよく言われます。あなたのこれまでの人生はどうでしょうか、満足いくものでしょうか。

現状は、これまでの歩みの結果を表しています。これまでは順調でも、将来へのしっかりした設計をしておかないと、思わしくない方向に行きかねません。**あなたは、望ましい人生を思い描いていますか？　明確な目標を設定しておきたいものです。**例えば旅行をするにも、アメリカの西海岸か東海岸か、欧州のフランスかイタリアかイギリスか。それぞれで、全く違った計画と準備をしなくてはなりません。当然ですよね。

人生には、それぞれの年齢でしておかなければならないことがたくさんあります。それも同時進行を求められることが……。就職すれば、まず仕事で自分の居所を確定させること。そして、仕事で頭角を表すこと。その後、結婚して子どもをもうけ、子育てをし、マイホームを手に入れる。将来に必要な勉強もし、子どもの教育、親孝行……。多くの人がクリアしなくてはならないことばかりです。それを怠れば、結果は、しまったと後悔する羽目になるのは当然です。

特に結婚には適齢期があります。早ければ問題ないのですが、遅くなると老後が苦しくなるのです。高齢になったとき困ったことになります。

アラフォーで独身、という方がいます。マスコミが女性の社会進出をあおったために、結婚の機会を先延ばしにしてきました。お一人様といえば、気楽に聴こえますが、このまま未婚で通せば、家族のない人生をどう歩んでいくのでしょうか。男性も同じです。独身を謳歌出来るのは若いうち。将来の人生設計をどう考えているのでしょうか。

結婚相手は、求める人へ天が与えてくださるのです。適齢期に強く求めない人には与えられません。伴侶とは不思議なものです。性格が少し違う人を与えられます。そうして夫婦がお互いに人間的に成長していきます。結婚して初めて人間味が備わる、と言われるゆえんです。

子どもは3人つくらないと、命のリレーに参加する役目を果たせません。家も

30代前半に建てないと、25~30年ローンは組んでもらえません。結婚は遅くてもよい、という理論はどこからきたものなのでしょう。男性は30歳までに、女性は27歳頃までには結婚すべきです。

親がいつこの世を去るか、誰にも分かりません。だから、両親が元気なうちに親孝行をしておかないと間に合いません。この世に命をいただいた両親にお返しをする。そして、喜んでもらう。そんなことも出来ない人が幸福になることはありません。

歴史はお教えております。あなたの仕事人生、結婚、子づくり、子どもの教育、子が社会人になる年齢、子が結婚する年齢、親との別れ、孫が出来る年齢……。そんなことを盛り込んだ人生設計図をつくってみてください。何歳の時期に何をなすべきか、はっきりします。パーフェクトの設計は出来なくても、今からすべきことが明確になります。**仕事もプライベートも家族のことも全て盛り込んだ設計図があれば、人生の見通しが付けやすくなります。有視界飛行ができます。**

50歳になれば、定年後のことをしっかり計画しておきたいもの。その備えをしていないと、定年後に生きがいを失い、短命に終わります。某大手企業の定年後の平均余命は8年、つまり68歳でこの世を去るといいます。エリート社員も仕事のみで定年を迎えると、充実の老後は望めません。

57 計画

やり直しのきかない人生です。**一生の人生設計をもとに、それぞれの項目をいかに計画的に実行し上手な生き方をするか。仕事も、家庭も、個人も、計画・実行の有無で大きな差が出来るのです。**

私はこんな計画を実行しました。子ども3人を望みました。最初授かったのは長女でした。生まれ月は4月〜6月が理想と考え、4月を予定日にしましたが、長女の出産予定日は3月末になりました。が、運よく初産で数日遅れ、4月4日に長女誕生、理想の誕生日です。

二人目はどうしても男子が欲しい。いろいろ研究すると、食事療法で男子、女子の産み分けが出来ると……。何と成功率九十数%と聞き、家内の協力を得て実行することにしました。産み分け法にはこう記してあります。基礎体温を毎日測り、排卵日を特定。排卵日10日前から男性は酸性食品の動物性たんぱく質中心の食材で野菜はトマトしか食べない。こうして食事で酸性体質をつくる。一方、女性は野菜中心のアルカリ性食品を食べてアルカリ体質に。女性の体液がアルカリ性になると、男性の精子のほうが早く泳いで卵子と結合し、男性が生まれやすい。こうして計画的に男性を産むことが出来る――。熟読し、チャレンジしました。

おかげで的中して、長男が6月6日に誕生しました。4月に予定日を設定すると、長女のように早まって3月になる可能性がある。そこで5月に定めたら、1回目は失敗。2回目に妊娠。食事療法を2か月実行しました。3人目の子どもはどちらでも授かれば、と任せたら女児でした。何でも計画的に実行すれば、それなりに結果がいただけるものです。仕事もプライベートも趣味もスムーズに進みます。

仕事は殆ど計画的に進められていると思いますが。プライベートや趣味は仕事が忙しければ後回しになり、結果として、ほったらかしの状態になりがちです。私の趣味にダイビングがあります。沖縄までダイビングに行くには年間計画の中に組み込み、友人にも計画に入れるようお願いし、仲間と一緒に行くように計画をしております。そうしないと、とてもダイビングを続けることなど不可能です。計画を立てることで継続出来るのです。スキーも年1回は北海道へ友人と行くように年間計画に入れております。

定年後の第二の人生をどう生きるかも重要です。私は自分の経験を生かして経営塾を開き、他人の人生を豊かにするような生き方の指導をしたいと願い、講演依頼もできるだけお引き受けしてきました。おかげさまで中学、高校、専門学校などで講演をさせていただく機会も増え、社長退任後は知り合いの方のお膳立てで森田塾もスタートしました。そのご縁で、思いがけず本を刊行することも出来ました。**将来こうありたい、と夢を描くことで、徐々に近づいて行くものです。**

森田塾を開きたいと思ったのは父の影響です。父は中学校で理科と数学を教えていました。55歳の定年後、56歳から郷里で数学の塾を始めました。幸運にも大繁盛で70歳まで続け、第二の人生は充実していました。そんな父に見習って森田塾が出来れば、と思い立ったのです。私の強みは、高校卒で苦労しながら27歳で独立したこと、創業26年で上場したこと、35年間の社長経験、虚弱体質を返上して健康をつかんだこと、少々アイデアが出ること、趣味が多彩——など。そんな波乱万丈の経験を生かせば、森田塾の開講も可能だと思ったのです。教える内容は違いますが、父子二代続く森田塾なのです。

58 優先

人生には、やるべきことがたくさんあります。その中から優先順位を付けていくことが大事です。社会に出れば、まず仕事で自分の働く場所を確保することが優先されるでしょう。

仕事の選択について考えてみましょう。仕事は本来、働かせていただけるところがあれば、一生懸命その職責を果たすことが大切です。謙虚な心で仕事を探し、正社員で自分を必要としてくれるところがあれば喜んで働くのです。大きい会社でなければ就職したくない——そういうわがままは言えないのです。

どんな就職先からでも、人生を構築出来るのです。社会人として優先すべきは、今所属する会社で期待以上に応えて評価をもらい、輝くことです。仕事内容が全て自分の思いどおりになることはありえません。**出会った仕事で、会社の期待に応えることが最優先です。**今の仕事が自分に合わないから、と転職をする人は多い。しかし、次の会社も面白くない。そうして転々と職場を変える――。自分に都合の良い理屈を立てて転職するなど、もってのほかです。そんな甘い社会ではありません。職業を転々とする人はドンドン社会の信頼を失い、いずれ隅へ追いやられます。

言い方を変えれば、仕事で期待以上に応え信頼を得ることが将来、高いステージへ上がることにつながるのです。**成功者への道は、何よりも仕事で成果を出すこと、そして人間として信頼されることに集約されます。**その信頼を得るには、正常な社会を創るための義務も認識してほしいものです。それは結婚です。独身を通す人は、社会貢献の上で問題があります。家庭をつくり子どもを授かることをしないのは、仕事オンリーの片肺飛行なのです。仕事で実績を残して基盤をつくり、さらに適齢期になれば家庭も持つ。両輪がそろってこそ、真の社会貢献といえるのです。

家族を持てば、子育てが重要です。やがて、親は老いてきます。孝行をしておかないと後悔します。趣味も人生の潤いには必要でしょう。第二の人生の下準備も怠りなく……。その歳その歳で、ライフステージごとに、仕事以外の優先事項にも目配りしておかないと将来、困ります。

今から何に着手しておくべきか、人生の進路を明確に描き、今後の道程のポイントに対して入念な備えをしておきたいものです。

59 習慣

人生を有意義に送るためには品格を高め、他人から高い評価を受け、多くの人と友好的な関係を構築することが重要です。そうした周囲の評価は、**毎日実行している良い習慣が身に付いているかどうか、にかかっています。要するに、良い習慣が評価の元です。**漠然と生きていては、良い習慣は身に付きません。計画的に意識的に、一つひとつ身に付けていくのです。何事も計画的に追求しないと、実現不可能です。次に、是非身に付けたい7つの良い習慣を列挙しておきます。

①　身体を健康に保つため、バランスのとれた食事を取る
②　仕事で成果を出すための智恵を出し、気を入れてトコトン精進
③　人に信頼していただくように励む
④　常に心を明るく若々しさを保つよう努力
⑤　他人と仲良くするよう心がける
⑥　家族円満に尽力
⑦　日々、仕事以外で生きがいを持って生きる

あなたはどれだけ実践していますか？　一般的に自分には甘いものです。自分が楽しければよい、美味しいものを食べたい、楽チンがいい――。気ままで自己中心的な生活をしている人が多いのです。自堕落にならないよう、暮らしの質をもっと高いレベルへ上げていく。そのためには良い習慣を意識的に実行することです。人柄を良くし、品格を高めることが、潤いと生きがいのある人生に変えていくのです。第二章21項の「思想を変える」で触れましたが、良い習慣をどれだけ持つかで、あなたの運命の改善が出来るのです。元気ハツラツ、輝く人生を創

ることになるのです。
　こうした「良い習慣づくりと人生」について、次代を担う子どもたちに是非、伝えていきたいものです。教育の大きな柱に据えてほしい、と切に願います。

60 勉強

　勉強について考えてみましょう。小学校、中学校、高校、専門学校、大学と社会に出るまで勉強の連続です。また社会人になれば、仕事をよりレベルアップするため勉強することは当然です。どんな会社も社員教育を徹底的にしなければ企業が存続出来なくなります。ところが、今の社会は大混乱しています。その原因は、人として健全にどう生きるかという「人間教育」を社会全体が怠ったからだと思うのです。

　人生を光輝いて生きるには、まず仕事で成果を出す、多くの人と力を合わせる、健康を維持する、立派な家庭をつくる――などが思い浮かびます。実はそんな当たり前の事柄すら、実践出来ていないのだから困ったものです。だから、失敗や歪みがいたるところに噴出するのです。人生を生きるための勉強を根本から問い直さないと、この国はおかしい方向に行ってしまいます。

お金さえあれば何でも出来ると必死に稼ぐ人、人生は楽しければよいと安易な生き方をする人、どちらも問題が起きるのです。**正しい考え方、生き方を勉強しなければ、真の幸福で平和な人生は送れないのです。**

ガリレオの言葉に「神なき教育は智恵ある悪魔をつくる」とあります。正しい考え方、生き方の勉強は智恵ある成功者をつくる、とも言えるのです。本書は人間教育の入門書、成功への指南書なのです。この本をこれから年間2回程度はお読みいただき、自分を律し、正しい道を歩んでほしいのです。

ついつい人間は自己中心的に陥りやすい。だから勉強をして自分を見直すことが重要なのです。**意識的に人生を上手に生きるための勉強をする人こそ、自身の手で間違いのない人生が勝ち取れるのです。**知らないことは愚かなことです。人生の設計図に「絶えざる勉強」を盛り込んでください。生涯学習という名の勉強。人生を明るく元気に幸福に生きるためには、生涯学習が要るのです。

前にも述べましたが、「論語とそろばん」が大切といわれます。**経済的なお金の分野と、論語に当たる聖人の教え・道徳の両面を勉強する。経済と道徳は人生の両輪です。**その両輪をより大きな輪にして人生をよりよく生きる。それが成功者への道なのです。

61 臨機応変

人生の設計図を描き、多項目の計画を実行する。誰もそこそこは実行しておられると思うのですが、より多くのやるべきことを同時に進行させることが重要です。しかし、時代の変化や人間関係、諸事情により、計画を変更しなくてはならないこともたくさん生じます。常に臨機応変に対処したいものです。

計画は常に3年先を見据えてつくる。そして予測しながら今年何をするか、を考える。ドンドン変化する時代に合わせてゆくことが必要です。また、計画的に進んでいても事情により目標に届かないことがあります。計画未達成です。しかし、ダメかと諦めず、修正して再度3年後の目標を掲げ実行するのです。このような場合、計画どおりに行かないからという理由で、中止してしまう人が意外と多いのです。

そこでモノをいうのが粘り強さ。**計画を実現するため、臨機応変にその計画を修正し、一歩でも前に進める。そうした地道な努力と柔軟な思考が結局、掲げた目標の達成につながるのです。**もしくは近づくことが出来て、以前の自分より一段とステージを上げることになるのです。

私の場合、第二の人生は道徳の講師になり全国行脚が出来ればと思っておりました。ところが会社が創業28年から3年間赤字、経営者として厳しい洗礼を受けました。誰でも経験出来るものではありません。この苦心惨憺《さんたん》が大きな力になりました。友人の勧めで若手経営者の育成塾を開き、中学や高校に出かけて先生や保護者、生徒を対象に「人生を明るく元気に幸福に生きる」をテーマに講演もこなしています。森田塾がきっかけで本の出版につながり、予測もしなかった方向へドンドン進んでいるのです。臨機応変にいろいろな要請に素直にお応えしたことから、人生の行く手が広がってきました。自分でも驚きです。

文章が苦手な私が『中高校生の成功哲学』で9万字の文章を書き、このたびの『日本人の為の成功哲學』では約13万字の文章を書くなんて、人生は全く分からないものです。その都度、柔らかく対処することで新しい道を開くことになるのです。

実は講演なんて一番苦手なことでした。38歳の頃、生まれて初めて講演をすることに……。船井幸雄先生とのご縁でした。場所は有馬温泉。船井総研主催の船井小売店セミナーに何と600人の受講生。そこで40分のお話。前日は一睡も出来ません。そして用意したレジュメの半分しか話が出来ませんでした。自分の話下手がいやになるほど恥ずかしくて、恥ずかしくて……。今でもその時の大失敗のシーンが目に浮かびます。

そんな経験から講演依頼があれば、あえて勉強のためとみずからに言い聞かせ、絶対にお断りしないことにしました。ただし、私の下手な話でよいのですか、と念を押したうえで……。

こんな失敗があります。「ある先生から○○○の素晴らしいお話を教えていただきました」で済ませればよいものを、その先生との出会いから、お人柄まで微細に話してしまった。講演には先生の横顔など不要なのに……。こんなことまで話すから時間が足りない。講演内容がぼけてしまう。結論だけでよいのに、要らないことをドンドン話して、支離滅裂の講演になってしまったのです。

何事にも経験・訓練が欠かせません。講演をしながら、私は苦手克服の良い勉強をさせていただきました。できるだけNＯといわず、ＹＥＳで引き受ける対処法を身に付けていきたいものです。

62 マイホーム

あなたは自分の城、マイホームをお持ちですか？

転勤族の方もいずれ定年後に落ち着く場所が要ります。それ以外の方も、親からもらえる家があるならそれもよいのですが、マイホームは重要な生活拠点です。

マイホームを持つにはカネがかかる、と思っておられませんか？　そんな方に耳寄り話です。

結婚して子どもが出来た家庭を考えます。家族が生活出来る広さのアパートは結構高額なのです。安いアパートは耐震が心配です。だったら、長期ローンで家を購入することを考えてみたらいかがでしょうか。ただし、ローンを組んでもらえる条件として、相当額の頭金が要ります。質素倹約が出来る人でなくては頭金がたまりません。結婚の本当の意味を理解している夫婦でなければ貯蓄出来ません。

若いカップルがゴージャスな生活を求め、海外旅行だの高級車だのと分不相応な暮らしをしていては、マイホームには到底たどり着けません。**自分の城を持つことを優先的に考えないと、実現不可能です。そのためにはマイホーム計画が必要です。**

長期的な計画が必要なマイホーム入手にはワクワク感があります。どんどん新しい家が開発されております。家は十年ひと昔と言えるぐらい日進月歩しているのです。

マイホームの立地選びは慎重にしてください。**できるだけ天災のない場所、生活に便利なところ、将来活用しやすい土地……。**私は30歳の時に家を建てました。プレハブ住宅です。若かったから、玄関へ上がる階段を急勾配にしてしまいました。それが今、問題になっています。2台入る掘り込み車庫にしましたが、万一この家に住まなくなると、更地にして駐車場にして貸すことが出来ません。やはり玄関へはフラットな出入りが理想です。それに我が家の前の道路が少し狭いのです。団地の中でもここだけが狭い。若いときの浅い思慮を痛感します。もう少し専門家に相談すべきでした。

　当時は忙しく、バタバタと住宅展示場で決めたのですが、業者は上手に売り込むのです。家の間取りにのみ心を奪われ、土地の形まで頭が回らなかった、ということです。将来売れる家を建てるべきです。


　10年後に売れる家と売れない家は大きな差があるのです。若い方は奇抜な家を建てますが、そんな家はまず販売不可です。10年後、15年後に家を建て替えようとしたとき、むしろ中古で販売し新しく別の土地へ建てるほうがすごく便利なのです。アパートに一時的に引っ越して家を壊し、新しく建てることは大変なのです。そんなことまで考慮して計画をしてくださいよ。

　それとできるだけメンテナンスの要らないような仕様にしておくこと。私は2階に大きなベランダを設置しました。ところが木材で作ったために15年もすれば全てやり直し。大変なリフォーム代が要るのです、アルミとプラスチックでしておけば半永久的にリフォームは不要です。ブロック塀にはめ込んだ鉄の格子もボロボロです。錆びないものにすべきでした。

駐車場も砂に問題がありました。友人の建設会社に任せたのですが、海砂を使っていたため、塩分を吹き出すのです。全くひどい工事です。その会社は倒産しました。熱心な営業に負けたのですが、信頼出来る業者を慎重に選びたいものです。

各地にたくさんの店舗を展開してきた経験で結論を言えば、**設計業者と建築業者を分けて建てることが理想です。**設計事務所のプロの管理下で建ててもらうほうが良いのです。建築業者は入札により選んだほうが設計料を払っても総額は変わらず、いや安くなる可能性もあります。しっかりした質の高い建築が出来るので安心です。住宅は〝クレーム産業〟と言うぐらいです。専門家とよく相談して建ててください。

63 創造力

仕事や私生活で目標を達成し、成果を出し続ける。その礎石は創造力です。

私はカー用品店の業界がなかった頃に創業しました。小さな室内小物を売っている店、ミュージックテープの販売店、バッテリー・カーステレオなどを売る電装品店、オイル交換のガソリンスタンド、タイヤ専門店、などと専業店のレベルの時代でした。それらの専門店を一つにまとめたのが、カー用品の３００坪店舗なのです。お客様のニーズに応えて総合化しました。だから、カー用品店は大きなマーケットになったのです。商品をどのように組み合わせるかがポイントです。それぞれ専門店があるのですから、新しい商品を取りこむことは簡単ではありません。だから創造力が要るのです。

鉄のワイドホイール＋ワイドタイヤの本格販売で、一大ブームを巻き起こしました。カーファッションリーダー・モンテカルロの誕生です。タイヤの販売も取り入れたいと努力しましたが、一流タイヤメーカーは仕入れ不能でした。現金仕入れでも門戸は開かないのです。

そこで県外から現金で仕入れるよう考え、チャレンジしました。一番恐れたのは、仕入れ先がどこかをメーカーに突き止められ、仕入れが出来なくなることでした。タイヤ本体に荷札を張らない工夫をしました。タイヤにリボンを付け、「赤のリボン30本」などと送り状に記入し、タイヤ本体へは荷札を張らない。これで仕入れ先を隠し、仕入れがスムーズに出来たのです。

タイヤの取り付けも苦労しました。下請けを探すのですが、ライバルの下請けはしない、と断られるのです。幸い協力していただけるタイヤ店1軒と出会いクリア。アルミホイールもロンシャンXR－4をメーカーにOEMで創っていただき、全国に代理店をつくり大成功しました。

高級オーディオもなかなか仕入れでは苦労しましたが、業界初参入のケンウッドさんと太いパイプで取引をいただきました。一時はケンウッドのオーディオのみ販売するという思い切った販売施策を行いました。その後、やっと各社が門戸を開き、オーディオに強いというモンテカルロの評価が定まりました。

カースポーツ用品も販売に加え、中国、四国、兵庫への卸し販売も開始。仕入れ会社もカー用品卸しのメッカ、大阪の大淀に設立。仕入れが相当安くなり、卸し＋小売店の二重の利益を確保、みるみる利益率が改善しました。今振り返れば、よくあれほど創意工夫を重ね、新しい企業体が出来たものだと思うのです。

長々と書きましたが、**新しい業界をつくれば、大きな成功・利益を勝ち取ることが出来るのです。**

趣味にしても創意工夫、創造力を働かすことで上手になるもの。ゴルフもあまり回数は多くありませんが、ＨＤ９まで上がりました。スキーもレベルＳＡＪ一級を56歳でいただきました。健康もいろいろ教わった理論から創意工夫をして元気を保っております。

何事も成功・不成功は紙一重です。工夫次第、創造力次第で、大きな成果を生み出すのです。

64 アイデア

大きな成果を出す・出せない、を左右するのがアイデア。

アイデアのきっかけは、身近なところにあります。あなたの目の届く範囲で、今すぐに改善出来る項目をたくさん挙げてみてください。例えば、部屋を見回してみましょう。雰囲気がより良くなるために、何かを置く、絵とか写真を貼る、カーテンを替える……。工夫がどれだけ出来るかどうかで、あなたのアイデアの豊かさが分かります。

自宅の風呂場で何か改善するところはありませんか？　あまりお金をかけずに工夫が出来ませんか？　一度真剣に勉強のために考えてみてはいかがでしょうか？

私は風呂で頭髪を洗うと、どうしても湯船に髪の毛が入るのです。その髪の毛を簡単に取り除くためにホームセンターで売っている金魚すくいの網を活用しております。脱衣室には壁掛け扇風機を設置。使い勝手を考え、洗面台のそばにスイッチを付けています。夏場はことに快適です。電気カミソリはガラスコップに挿しています。こうすることで使いやすいのです。ドライヤーも棚の下にフックでぶら下げております。そんな些細なことから、いろいろなアイデアが湧いてくるようになるのです。

5坪のカー用品店を創業した時、宣伝するお金がありません。手書きのチラシを1万枚刷って毎日（雨が降らない日に、ですが……）路上駐車している車の運転席側のワイパーに挟むアイデアを実行しました。広島で初のアイデアでした。運転席側ですから前が見えません。そこでお客様が手に取ることになります。何と7％の効果がありました。1000枚配れば、70人のお客様が来店されたのです。凄い効率です。

創業時、5坪のお店には駐車場がありません。そこで駐車場確保のため、長い塀のある場所を探しました。他人の家の前には駐車は無理ですが、塀沿いなら少しは大丈夫と読みました。このアイデアは的中しました。モンテカルロの原点です。

ソ連が崩壊した時、航空宇宙産業の最先端技術を使いアルミ鍛造ホイールで世界最軽量のアルミホイール「リーガマスター」の開発にも成功しました。ＮＨＫテレビの「クローズアップ現代」にも取り上げていただきました。カー用品のお店を広島県内に12店舗集中出店して、テレビ宣伝の効率化のアイデアは大成功しました。モンテカルロの宣伝カーにスーパーカーを購入しました。初代がロータスヨーロッパ、２代目がデトマソパンテーラ、３代目フェラーリ３０８ＧＴＢ、４代目フェラーリテスタロッサ。スーパーカーを持つことにより社員も喜びますし、お客さんを助手席にお乗せすると喜ばれました。**アイデアをひねり出すのは心弾むこと、**それがヒットすればこんなに嬉しいことはありません。

65 工夫

創造力アップの原点は工夫することです。**ささやかな工夫をいろいろと考える。**私の工夫をご披露します。私は車のフェラーリが大好きで、フェラーリを想像するだけで嬉しくなるのです。だからフェラーリ改造パーツをたくさん買い込み、持ち物もフェラーリ仕様にひと工夫して楽しんでおります。それもさりげなく……。工夫をしなくては完成度の高いフェラーリ仕様は出来ません。まず改造可能なノーマークのセンスの良い商品が探せないと改造できません。フェラーリ仕様にしても違和感のない優れものを探さなくてはなりません。

50インチ、ソニー製テレビはフェラーリ仕様です。スキー用品では板・ヘルメット・スキーウエア・スキー用手袋・セーター全てフェラーリ仕様です。本物の商品もあるのですが、私の身体に合うサイズは簡単には手に入りません。ドコモの携帯電話もフェラーリ仕様です。オリジナル仕様に工夫するのです。勿論、プライベートの楽しみにしか許されないことですが。

お洒落なカフスボタンをオリジナルでたくさん創っております。カフスボタン用の金具を手配し、世界で一つのオリジナルカフスを作るのです。花のカフス、豪華ダイヤ入りカフス、蝶のカフス、魚のカフス、ゴルフ場のマーカーを改造したカフス、大きなパールのカフス……。ドンドン増えるのです。そしてフェラーリのピンバッチのカフスも。

今乗っている車は「ベルジェ358GT」。世界で一台の車です。オリジナルの車名、ドレスアップを施し、ブレーキキャリパー、アルミホイールのセンターキャップ、車のボンネット、トランクのセンター、両サイドのフェンダー、ハンドルにも素敵なベルジェのロゴが入っております。フロントグリルはワンオフで造り、マフラーのテールもVに角度を付けたオリジナルです。色はブリィシュグリーン、まさに英国風のスポーツカーです。勿論イギリス風ですから、ハンドルは右です。ちょっとした私の工夫の賜物です。
森田浩市のブログを見てやってください。日々の工夫を具体的に載せています。

毎日元気に過ごすため、朝5時55分に起きます。ゴーゴーゴーです。30分頃に起きるのなら、あえて35分にします。サーゴーです。一つでも5を付けてゴーと起きれば、気分爽快です。原稿執筆の集中力を高めるにも3時55分起床。サーゴーゴーで起きると、はかどるのです。

もっとはかどる工夫を思いつきました。おでこに、小型の冷却枕を入れた鉢巻をして執筆すると、抜群にはかどるのです。その光景を想像してみてください、滑稽でしょ……。でも、どんな時間でも書けるようになりました。昼も夜中も、ドンドン書けるのです。この本はこうした工夫も生んだのです。あなたも集中して考えるときは冷却枕＋鉢巻ですぞ！

我が社は月末締めでした。毎月、会議を月初めにしていたのを20日頃に変え、その月の推進状況の報告、月末の着地の検討、それに着地の達成を各店長に約束させ、翌月の計画を今から考える——の3本立てにして営業会議をしたら大きく達成率が向上しました。工夫が功を奏しました。その上の成績を狙うため、チェックの回数を増やすショートインターバルのマネージメントをすればもっと伸ばすことが出来ました。**少しの工夫で、大きな成果を創る力が出るのです。**

66 宝の山

仕事は常に問題だらけと思ってしまうと、本当に落ち込み元気が出ず、創意工夫が出来なくなるのです。

その問題があっても、そこそこで成り立っているのです。その問題を解決すると、今まで以上に成果、効率が上がります。常にそう考えなくては前向きな施策、アイデアが出なくなるのです。

マイナス思考の人は常に問題を意識し、その問題に打ちのめされているのです。**問題は「宝の山」なのです。**いろいろな角度で現状を分析してみれば、問題が結構浮き彫りになります。

私は創業時、無一文同然。そこでこう考えました。売れた品の数だけ仕入れれば、資金不足にはならない、と。即金取引に徹しました。これは凄いパワーになりました。商品が少ないので、お客様にはなぜこの商品をお勧めするかを徹底して説明、お客様は苦笑しながら「お兄さんに掛かったら、全ての商品が僕にぴったりになるんだ〜」。みなさんが私の応援団でした。商品がなくても、お客様には徹底的にその商品の良さを説明しました。売れ筋のみの陳列しか置けないスペースですから、抜群に効率が上がるのです。アイテムが少ない分、徹底した接客、商品説明をしました。全てのお客様に私の勧める商品を喜んで買っていただきました。

今では考えられないことでしょうが、創業時、裏通りに車が溢れ、近所から110番通報が警察へ。何度か110番通報が繰り返されると警察署へ呼び出しがあるのです。本当に困りました。平身低頭、ご迷惑の掛からないように塀沿いの立地を選んだことなどを説明しながら謝るのです。お叱りを受けたあとは必ず警察署の皆さんへ当店の格安オイル交換をPRして帰っておりました。徐々にその警察署の方々が私服の時、お店を利用してくださるようになりました。その署でたくさんのファンが出来、話題になったことがあります。

厳しい中で人情にふれ、みなさんに元気づけられて、駐車場のあるお店を1日でも早く出したいと頑張りました。おかげで、一等地の駐車場完備のお店に移転できたのです。

お客様が少ない問題の時間に、周囲の住宅や事務所に手配りチラシをポスティングするようにしました。するとお客様が増え、苦労して集めた顧客には丁寧な接客が出来るようにもなり、一石二鳥の効果がありました。

職場ではいろいろな問題があります。どうか、その問題から逃げずに創意工夫してみてください。きっと活路が開けます。

67 本気度

何事も本気で集中してやらないとモノになりません。スポーツもそうですよね。誰だって簡単には上達いたしません。特にスポーツは身体が覚えなくては上手になりませんから、相当に根気が要るのです。身体を使う、頭を使うものは、徹底しなければ効果が出ません。本気でやるかどうか、そして集中力が分かれ目です。あれもこれも出来ません。**そこそこ上手になるまでは絞り込み、一つのことに集中し本気にならなければ上達しないのです。その集中力を高めるには、気を入れないといけません。あなたの本気度が問われます。**

テレビ番組や映画を、気合を入れて真剣に集中して見ると、ストーリーの中にのめりこんで自分があたかも主人公に変身したようになります。さらっと見ると全く感動しません。

気を入れ、集中力をもって本気ですれば、相当の案件は解決するのです。「努力しておりますが、成果が出ないんです」と言う人は、気の入った集中力が足りないのです。**努力＋本気度＋集中力で成果につながるのです。何事も集中的に本気で取り組まないと自分のものにならないのです。**

私が講演のレジュメをつくるのは必ず真夜中です。静かに一人で集中するのです。真夜中から朝方にかけては不思議と智恵、アイデアがドンドン出るのです。天の力を借りて集中出来るのでしょうか。「朝起きは三文の徳」と言います。未明の1時頃から夜明けまでは自分でも驚くほど集中力が発揮出来るのです。

勿論本書も真夜中に集中力を発揮して書いております。それも鉢巻をして……。やはり本気度は重要です。

68 訓練

人間はどうしても安易に、のんびりしたくなる習性があるようです。ひと握りの人が人生を意義あるものにしようと徹底して頑張り、成功者になるのです。森田塾でこうしたことを話すのですが、なかなか理解が出来ないようです。だから、普通の人なのでしょう。何が一番大切なのか理解出来ていないのでしょう。仕事以上に重要な話ばかりなのに、仕事があるからという理由で欠席するのです。優先順位が分かっていない。スケジュールに入れておけば、少々の仕事は例会の時間と重なりません。

どんなに良い話を聞いても、本気で取り入れなければ成長はありません。創造力も同じです。最初は誰だって何事も下手なのです。最初から十分に出来る人はいません。スポーツ選手も芸能人も、才能を備えて生まれても徹底した訓練をして道を究めなければプロにはなれないのです。
アイデア、工夫、集中力を訓練しマスターしなければ、効果的な創造力は身に付かないのです。難しいものではありません。あなたが生まれた時いただいた頭脳は、コンピューターでつくると何と200億円の価値があるといいます。あとは、その脳をいかに使うか、です。

創造力はアイデア、工夫の積み重ねの結果、結晶です。集中力でドンドン改善・改革が出来て成果が出るのです。何事も出来ないと思えばそれでおしまい。何事も創意工夫をすれば問題は解決する。その考え方が創造力の出発点なのです。**どんな時でも必ず改善・改革出来ると信念を持ち、創造力を発揮する訓練が必要です。**必ず解決するものです。**アイデア出しの地道な訓練をコツコツ重ねる。**それは頂上を目指す登山に似ています。一つひとつのアイデア、一歩一歩の着実な歩みが、あなたを人生の高みに導いていきます。

69 情報収集

創造力を発揮するには、情報収集も欠かせません。しかし、その情報は本当に将来も通用するものなのか、とても怖いところがあります。

以前、米国流通業見学のツアーがたびたびありました。日本のスーパー、郊外型ショッピングセンターの誕生などは米国の成功事例が大きく影響しているので、見学ツアーが盛んになったのです。ただし、新しい業態がドンドン開発されても、殆ど軌道に乗らず挫折しているのも事実です。一回ツアーに参加して、さあ日本で新しい業態を、とチャレンジすれば大変になることもあるのです。最先端は怖いのです。

本当にそんな商売が成り立つのか、吟味する必要があります。日本独特の顧客の習性に合致するかどうか見極めることも必要です。大手の企業なら実験も出来ますが、中小企業は怖いのです。しかし、その中でも考え方や展開の仕方はとても参考になることがあります。**間違わないためにいかに多くの情報を集めるか。**

それはデジタルの画素数が多くなれば鮮明に見えるのと同じ理屈です。目指す方向の情報をたくさん集め、その情報から自分独自の世界を創造するのです。

我が家のガーデニングの話です。やはり、たくさんの情報を集めました。ホームセンターで花の担当者に話を聞き、花屋さんでも聞き、家内の友人でガーデニングの好きな人の庭を見せていただきました。これらの情報から、私のオリジナルの世界を創っていきました。真夏にも咲き続ける花、花弁が圧倒的に多い花、強い花を探すのです。ちなみにブリエッタは直径70～90㎝、こんもりとしていて、それは豪華です。雨のあたらない軒先、日光が当たる場所なら次々と花を咲かせてくれます。

ビオラは寒さに強く、霜が降りても大丈夫です。咲き終わった花を摘んでやれば、その後も延々と花を付けてくれます。ビオラは株が大きくなりませんから、30㎝の鉢に4株程度植えると結構豪華です。20㎝の鉢には1株か2株でしょう。ビオラの苗は1株60～70円、ブリエッタは1株380円程度です。今年はメランポジュームという花を知りました。この花は春～秋に咲き、緑の葉に黄色の小輪の花をたくさん付けます。雨にも暑さにも強い花のようです。今年は数株で実験中です。

情報をどう上手に集め、それを組み立て、いかに独創的な世界にするか。そのとき、経験者の話は勉強になります。先輩の意見を教えてもらうためには人間関係がとても重要です。**情報を上手に集めるにも、良い人柄が前提になるのです。**

70 マスコミ

マスコミの情報は怖いな～と思うことがあります。**実際はほんの小さな現象であっても、今の時代はこれが最先端だというオーバーな情報が意外と多いのです。**マスコミには、他社が取り上げた情報は取り扱いたくない、一度出た情報は二度と取り上げないという妙な体質があるようです。また、よそより早く情報化する、悪く言えばすっぱ抜くのが、優秀な記者だとされています。

よく言われるのが「犬が人間を噛んだらニュースにならないが、人間が犬を噛んだらニュースになる」。そんな突飛なニュースが結構あるのです。その情報に惑わされた人は哀れです。例えば、これからは女性の時代が到来、と囃し立てたキャリアウーマンの特集。感化され、仕事に没頭し、婚期を逃がしたアラフォー。こんなことが起きるのです。社会の仕組みをよく理解していない若い記者が時代の先取りをオーバーに取り上げたため、それに乗せられた読者もいます。

大手経済紙の記者から、業界の特集を組みたいので取材をさせてほしい、と申し込みがあり、応じました、ところが、出来上がった記事は、業界最大手の優位な状況を力説する特集でした。次元の低い若手記者もいるのです。こんなこともありました。大手経済紙の記者が社長室の外のソファーに座って私たちのミーティングを盗み聞きし、それを記事にしたのです。大変な目に遭いました。節度をわきまえない記者が最近目につきます。社会の乱れが記者にまで及んでいるのか、と愕然とします。

しかしながら、記事・放送による宣伝効果は絶大です。地方都市での成功がマスコミの力で一気に全国版へ。売り上げが急伸し、業績を大きく改善させてくれる面もあります。

かつて私は、某テレビ番組の「日本の社長」に出演させていただきました。ところが、長時間の取材の中で面白そうな箇所のみ編集して番組にしていました。だから、私は面白おかしいイメージで放送されました。虚像です。怖いことだな～と思いました。致命的な事柄ではないのですが、視聴率を確保するための編集がなされるのです。

中には視聴者の歓心を買うような情報もあります。そこに十分気をつける必要があるのです。**マスコミの情報全てを鵜呑みにしないことが重要です。その情報が本当に正しいのかどうか、吟味する目を日頃から養っておきたいものです。**

71 成功者

創造力を強力なものにするには、成功者の知恵を借りることも考えましょう。経験を重ねてこられた方の深い見方、考え方には唸ることがあります。そんな実力者と、どう親しくお付き合いをいただけるか。それは結局、あなたの人柄にかかっています。何事も謙虚な人柄でお願いしなくては相手にされません。

全国には多くの成功者がおられます、**成功事例に学ぶことが出来れば、大きな力になります。**成功しておられる人は対処が違うのです。礼を尽くしてお教えいただくと全く違った力になります。そのノウハウを自分で会得するには、大変な時間と労力が要るのです。それが教えていただけるのですから、こんなにありがたいことはありません。お金をお支払いしても価値は十分にあります。

他業界の成功事例に学ぶことも出来ます。他分野の事柄であっても、それをヒントに自社に導入を図る。これにより業界でいち早く創造力を発揮したケースは枚挙に暇がありません。異分野に関心を示すには視野の広さが大事です。

本気で自分の創造力を高めようと思わないと、成功事例に気づきもしないし、発見も出来ません。その成功事例に感化され、自分の目標が出来れば、創造力が発揮されるのです。目標が定まって、アイデアや知恵、工夫がスタートするのです。

ある会社が、社員を「丁稚」と呼ぶというユニークな運営で世間の目を引きました。その会社はすぐに倒産しました。私から見れば、そんな経営姿勢ではまずダメです。社員を大切にし、その社員の人柄の向上を柱にしなければ無理。あまりにも次元が低い。友達感覚、お遊び感覚では企業は永続繁栄はしないのです。週一日カジュアルデーにした会社は殆ど業績を落としました。遊び感覚で事業は出来ないのです。最近クールビズを導入する企業が多いようです。易きに流れなければ良いのですが……。人間は襟を正し、気を入れて仕事をしなくては成果につながらないのです。クールビズを導入してから日本の経済は悪くなっていませんかね〜。私は長袖のカッターにカフスとネクタイのスタイルで１００％通しております。そうしないと気分がだらけるのです。

⑫ ブレーン

人生の成功者になるには相談出来る師やブレーン、直言してくれる側近を持て、とよく言われます。

師、ブレーン、側近を持てる人は、やはり謙虚で礼節をわきまえています。多くの師、ブレーン、側近を持つ人は大物です。器の大きい人でなければ持てません。自分中心の狭量の人は、ご利益はいただけないのです。**自分の経験のみで全**

てを改善・改革するには時間と労力が掛かり過ぎます。少し先を歩んでおられる人とお付き合いが出来れば、きっと自分では気付かないことがたくさんあります。

なるほどな～、と感心することが結構あります。そんな指導をいただくと、新しい世界が広がります。

私は年商10億円程度の時、船井幸雄先生と出会いました。年間のコンサルタント料は結構高かったのですが。モンテカルロの将来は明るいと、何と「100億円企業への道」の長期経営計画の答申書をいただきました。身震いする思いでした。なるほど、こんなストーリーで店舗を構築して展開すると、我が社独自の道が出来るのかと感動を覚えました。夢膨らむ道がはっきりしました。

ライバルに勝つ戦略の組み立て方、組織的な教育、人財育成、商品力のアップ、競争力のアップ、店舗運営、立地戦略など広範囲にご指南いただきました。新しいノウハウをドンドン開発し、力をつけてゆきました。おかげさまで急成長を遂げることが出来たのです。しかし、残念なことに我が社の規模不足でその後、ノウハウは相当ライバルへ流れていきました。企業力のあるライバル会社が日本全国へカー用品の大型専門店チエーンを展開。凄い業界が出来上がったのです。私も業界構築の一端を担ったことは、良い思い出ではありますが、あと10年早く事業をスタートしていたら、と思います。これも人生でしょう。

船井先生からみれば、スーパーや量販店のノウハウを投入すればカー用品業界を構築することくらい簡単だったでしょう。年一度行われる大規模なセミナーへの参加は、同じ業界ではオートバックスの社長さんと私の二人だけでした。良い師と出会い、ご指導いただいたことには今も感謝しています。

実りの人生に是非とも良き指南役とのお付き合いをお勧めします。

第七章

人間関係の力

73 喜びのプレゼント

人生の成功者になるために最も重要なことが人間関係力と言ってもよいのです。その第一歩は、周囲の人に喜んでいただくこと。自分さえ良ければという人は、長い人生では必ず失脚していく運命にあります。人間はどうしても自分優先の心が働きます。その心はいたるところに出てきます。集団写真を見るとき、一番に自分を探します。当然のことですが、その習性をよく理解して対処しないと、いつの間にか周囲への心を忘れ自分勝手、自分中心になってしまうケースが多いのです。

熱心になればなるほど、悪気はないのですが周囲を無視してしまう傾向になるのです。

何をするにも周囲に気を遣い、他人に喜んでいただくこと。喜びのプレゼント、つまり利他の心と行動が重要なのです。光輝く人生を生きるための大きなテーマです。

利他の第一歩は、快い挨拶から。挨拶が明るく元気に出来ない人は人生が上手くいきません。社会人になれば、相手が喜び、安堵し、親近感を持つ挨拶を心の底からしたいものです。ところが、殆どの人は挨拶を軽視しています。あなたは、周囲の人に挨拶でエネルギーをプレゼント出来ていますか？

利他の第二は、周囲に「気を入れて」接してあげることです。挨拶をする時、相手の顔を見ない人が結構います。些細なことと思われるかもしれませんが、大きな損をしています。人間関係の基本は、気持ちの良い挨拶と明るい笑顔なのです。笑顔を周りにプレゼント出来ない人からは、利他の心を感じません、冷たい人というレッテルを貼られます。

また、力を貸してほしい、とお願いしても、私は忙しいから、と即座に断る人が意外に多いのです。例えば勉強会のお手伝いをお願いして素直に力を貸していただける人がいる一方、必ず断る人がいます。断る人は利他の心がないとみられ、次第に疎遠になるのは当たり前です。結局、周囲から取り残されてしまうのです。優秀だからこそ、力を借りたいとお願いしてもつれなく断る。つくづく残念だな～、と思うのです。あなたはいかがでしょうか？　そんな要請があれば、気軽に

「ハイ、喜んで」と言える人であってほしいものです。

友人が営む会社の社員Tさん、経営者が集まる勉強会で運営を手伝ってくれていました。気軽に引き受けてくれ、しかも人柄が誠実。残念なことに、その会社は倒産しましたが、Tさんは上場企業の社長さんに声を掛けられ抜擢されました。周囲の人はよく観察しているものなのです。チャンスはどこにでも転がっているのです。

自分の仕事のみしておけばそれで十分、と思っている人はチャンスを逃してしまいます。言い方を変えれば、**周囲から相談や支援要請、お願いがしやすい人になれば、大きく飛躍出来ます。どんな求めにも「ハイ、喜んで」と、気持ちよく応じる人になってください。**自分のことよりも他を優先。そうした利他の行動派に、やがて幸運が訪れます。

74 褒める

人を褒めてあげることは、相手にエネルギーをプレゼントすることです。けなされたり悪口を言われたりしたら、誰だって嫌ですよね。気分を害します。エネルギーをそがれてしまいます。人間関係にひびが入りかねません。逆に、褒め称えてくれる人とは友好関係を築きたくなる。至極当然の感情です。ところが、殆どの方は他人を褒めることに関心を払いません。褒めるのは「ゴマをすること」とでも思っているのでしょうか。

謙虚な人は、他人の長所が見えています。褒めることを意識していないと、なかなか褒めることはできません。しかも、**褒める習慣をつけておかないと、相手が気持ちよくなるような褒め方が出来ないのです。**

親しき仲にも礼儀あり、と言います。どんな場合でも相手を悪く言ってはダメなのです。冗談ぽく、相手の悪口をさらりと言う人がいます。そんな人はどんどんダメになっていきます。批判したり悪口を言ったりする人は、人間関係が構築出来ず成功者にはなれません。たとえ学問・知識・金力・権力があっても、それらが十分に発揮出来ないのです。

一流大学出身者の中には、他人を褒めるどころか見下げてしまう人が多いようです。これでは、せっかくの優秀な力が発揮出来ず、ただの人になってしまいます。自分が優秀な人材だと思っている人は、特に注意が必要です。**優秀な人が周囲の人を褒めてあげれば、さすが優秀な人は違う、配慮が行き届き仕事も出来る、と評価を高めていくものです。**

地位を得ると、だんだん横柄になって他人を見下げ、褒めなくなる人も目立ちます。もっと高い役職・地位に上がる機会をみすみす逃し、結局、支持を失ってしまいます。

あなたは心底信じ合える友人を何人お持ちですか？　**お互いに尊敬し合い褒め合える友人をどれほど持っているか、で人生の質は大きく変わります。**

私にはこんな経験があります。会社を上場させるため、社外の優秀な人の力を借りたいと思っていたところ、メーンの取引銀行の当社担当支店長が定年となりました。「小さな会社で十分な報酬も出せませんが、是非お力を……」とお願いし、副社長でお迎えしました。私が40歳、副社長56歳でした。

入社まもなく、社長はなってない、と厳しくお叱りを受ける羽目になりました。でも、私が不十分だから、あなたの力をお借りしたいとお願したのでは……。周囲は、私がその副社長を使いこなすことは難しいだろうと思っていたようです。

しかし、厳しい言葉を投げかけられても、私は副社長を高く評価していました。他社との取引や会合で副社長の話が出るたびに、私は感謝の心を示し、褒め称えていました。その言動はやがて副社長の耳にも伝わります。次第に双方の理解が進み、お互いが褒め合うような仲になりました。以来、強力な指導力を発揮していただき、上場まで一気に登って行けたのです。このときほど、褒めることの大切さを痛感したことは、後にも先にもありません。

75 類

人間関係を大切にする人は、自分を少し抑え、他人を評価します。仕事は厳しくても、お互いが温かい心で結ばれている。そんな集団でありたいものです。不思議と、批判ばかり渦巻くグループには自己主張の強い人たちが集まり、友好的な一団には相手を思いやる人たちが集まっているものです。「類をもって集まる」とはよく言ったものです。前にも紹介した諺「鯛は鯛で群れをなし、鰯は鰯で群れをなす」。さて、あなたはどちらですか？

いかに質のよい集団に属すか。その人間関係があなたの行動・考え方を変え、人生の質を左右します。

サッカー、野球、テニス、スキー、ボード、ラグビー……。スポーツにもいろいろな集まりがあります。職場という集団、そして勉強や趣味のグループ。こうした集団に加わることで、私たち一人ひとりが社会との関わりを持ちます。そして良き人間関係を築いて、暮らしを営み、人生を潤いのあるものにしています。

世間を渡るとき、多くの人と素晴らしい人間関係を築くことはとても重要です。自分ひとりの人生は寂しく、幸福から程遠いものなのです。できるだけ多くの人と友好関係を創造していきたいものです。

私は社長を退任後、お付き合いする人が激減しました。ビジネスの縁が切れれば、人間関係も切れてしまうものだと実感したものです。あなたは仕事以外でどんなグループに属していますか？　少なくとも50歳になったら、定年後の人間関係を是非考えてくださいよ。ポツンと一人になると寂しいものです。人間は常に多くの人と接していればこそ友好関係を築き、人生を明るく生きることが出来るのです。

私が45歳から始めたスキーとダイビングでは、仲間がいます。励みになるし、ありがたいと思います。道徳の勉強会には35歳から参加しております。これは生涯学習ですから、生きている限り続けます。今、勉強会で知り合った仲間は全国にいます。仲間からは講演依頼もあります。素晴らしい仲間たちと、こうして一生お付き合い出来るのですから、心が弾みます。

会社で素晴らしい業績をあげること。それは職業人として当然の目標です。一方で、職場以外のグループに属して多くの人と友好な関係を築くこともとても重要です。**余暇や定年後の人生を充実させるためにも、仕事を超えて付き合える人間関係を築いておくようお勧めします。**若い時から何足もの草鞋を履いて活動すれば、きっと人生の可能性が広がります。

76 第一印象

他人から好感を持ってもらうことも、人の輪を広げ、成功者への道につながります。好感は、第一印象から始まります。初めて会ったときの印象、パット見の印象です。

あなたは第一印象を好くするために何に注意しておられますか。ヘアスタイル、服装のデザイン・色、時計、バッグ、顔色、顔の笑み、歩き方、しぐさ、声、名刺の出し方、礼の仕方……。いろいろ気を遣いますね。

ただ、それらを自分の好み一辺倒で決めていませんか？　**少しは他人から見た印象で考えてみることが重要です。それは、他人の評価があなたの人生を大きく左右するためです。**大成功する人はあらゆる事柄に気を配ります。

第一印象には、その人らしさ、個性も必要です。私の場合、信頼感、明朗快活、若々しさ、スポーティー、車好き、謙虚、フォーマル、TPOを考慮した着こなしなどを意識してコーディネートするよう心がけております。

日常の仕事では、濃紺の無地の背広が主体です。社長時代は上下濃紺の無地、社長退任後はグレー系のズボンで胸ポケットにはシルクの白いハンカチーフを挿してフォーマルを演出しております。ヘアスタイルは上場前から社長退任まではオールバック、退任後は7：3に分けています。

歩き方は歩幅を少し広く、胸を張って颯爽と。特に脚は平行に歩を進め、ガニ股にならないよう気をつけています。顔は常に笑みを浮かべ、ブスッとしないように心がけております。声もできるだけ明るく、と意識しています。声をかけていただいたら気取らず気楽に応じる。車好きを演出するため、さりげなくフェラーリのマーク入りのバッグ、携帯などを持っています。背広を脱いだ時はできるだけお洒落に好きなマリーンルックかフェラーリルックを多用しております。

社会人第一歩の教育は、歩き方と名刺交換の勉強でした。今でもその光景を思い出します。いかに第一印象を良好なものにするか。歩き方で人生が変わる、と教わったことは今でも忘れられません。**「胸を張って颯爽と歩く」**。その時の教えを今も実践しているのです。素晴らしいことを学びました。私の人生の基礎は、颯爽と闊歩《かっぽ》することです。あなたも颯爽と歩く人になってくださいね。

女性の方はお洒落にたくさんの選択肢があり、羨ましく思います。いかに周囲の人から好い第一印象を持っていただけるか。その演出はアイデア次第で広がります。仕事をする時のお洒落・スタイルをどのように品良くし、第一印象を好くするかを考え、実行してください。

名刺も、初めて会った時の印象を作るツールです。あなたはどんな名刺を持っていますか？　名刺を見れば、仕事の内容が分かりますか？　名前は読めますか？　英語の社名や読みにくい文字には読める配慮が出来ておりますか？　携帯電話番号が入っていますか？　アイデア溢れる名刺を持ち、第一印象で好感を勝ち取ってください。

私は30年ほど前からカラー写真入りの名刺にしております。今では名刺に写真を入れる人も増えてきましたが。当時は殆ど見ませんでした。写真の常識をお教えします。名刺、書類などに写真を挿入する場合、左側に入れる時は右向きの写真を、右側に入れる時は左向きを入れる。センターには正面向きがしっくり。千円札・五千円札・一万円札も右側に写真がありますから、左向きの写真が使われております。私の広報写真は右、左、正面の3枚セットにしております。

77 見栄

人間は弱いものなのでしょうか。周囲から高い評価をもらいたいためか、見栄を張ることが多いようです。ところが、周囲の見識ある人はお見通しなのです。**見栄はあなたの評価を下げることになります。日本では特にそうなのです。**表面的には、凄いですね、と言われますが……。

少しお金持ちになれば、ついついゴージャスな家を欲しがります。友人がこぼしています。「せっかく建てるのだからと、天井も高くし広々とした余裕の居間にしました。ところが冷暖房費が大変。寒さに耐え、暑さに耐え、こんなはずではなかったのに……」。では、広過ぎず、狭過ぎず、の程よい広さとは？　我が家はダイニング・キッチン・リビングで14畳です。12人掛けの食卓・談話テーブルに家内が昼寝出来るソファ、52インチのテレビ、冷蔵庫、食器棚、机、コレクションキャビネット、電話台を効率よく配置。落ち着く空間になっています。

車も見栄で高級車を求める人が多いと思います。車は少なくとも現金で購入するレベルですよ。ローンまで組んでの高級車購入は、見栄の世界でしょう。今順調でも人生は山あり谷ありです。谷が来たら高級車を手放さなくてはならない、事故で車を失えばローンだけ残る、なんて悲しいですよね。そんな振る舞いを、周囲の見識ある人は抜かりなく見ております。よく聞く話があります。身分不相応のドデカイ家を建てた途端、本人が急死、身内から死者が出た、と。天からペナルティーが来るのでしょうか？

そこまで行かなくても、ついつい身に付けるものをブランドで固めたくなるものです。しかし、評価は高まるどころか、かえって評価を下げます。さりげないお洒落が評価されるのです。

友人に大変なお金持ちがいます。彼のマイカーはデミオです。小回りがきいて便利で快適だといつも自慢しています。彼の腕にはアナログ＋デジタル＋防水＋金銀コンビベルトのお洒落な腕時計。20年前に私からプレゼントしたものです。高額な物ではありませんが、彼がすると高級な時計に見えるのです。本物の人は見栄を張りません。実質的な良い物を身につけるのです。

発展途上の国では見栄を張るのが当たり前のことでしょうが、日本では見栄は恥ずかしいことなのです。背伸びしてみるのは「海峡を見る時」だけでよいのです。日本人の美徳は謙遜の世界なのです。

度を越した見栄は通用しません。人間は弱いから虎の威を借りたいのでしょうか、見栄を張りたがります。出来る人は本物で勝負なのです。そういう人は人間関係が円滑で多くの人の支持を集め、成功者になるのです。繁栄する人はそこが凡人と違うのです。

⑱ 信頼関係

第三章「運の力」でも信頼を取り上げました。人間関係をスムーズにするためにも、この信頼関係を築くと大きな力を持ちます。信頼関係が失われたら、争いです。国同士では戦争です。

あなたには周囲から多くの期待が寄せられております。その期待に応えることが、信頼関係を築く重要なカギです。期待を裏切らないことこそ、信頼を得ることなのです。**人間関係の根本は、お互いが頼れる関係になることです。いろいろな場面で力を貸してもらう、貸してあげる関係です。お互いが安心して力を結集することの出来る人間関係。**それが求められております。

周囲から是非力を貸してほしいと要請され、期待以上に応えたら、あなたは頼れる人、と一気に信頼関係が太くなるのです。また、日頃から他人のことを気遣い、周囲の人を少しでも優先出来たら、きっと期待が寄せられ、あなたの活躍の場がドンドン増えるのです。声がかかり、活躍の場が増えてこそ、あなたの存在価値が増し、社会貢献につながるのです。

多くの人との交わりの中から、あなたの人生が創造されていきます。相手を尊重し、いろいろなビジネスを進めることで信頼関係が増すことになるのです。

私は講演をお引き受けした場合、前日に必ず、「体調万全です。明日何時何分にお邪魔しますのでよろしく」と電話します。当日朝も「元気、大丈夫でございます。よろしくお願いいたします」と電話。訪問時刻をもう一度確認してお邪魔するようにしております。ほんの少しの気配りで、相手は安心され大変お喜びになります。

信頼を得るためには、いろいろとすべきことがあります。終わったあとのフォローも電話1本「先日はお世話になりました」と入れるのです。それだけで信頼の絆が結ばれていきます。些細なことをバカにしてはいけません。コツコツ積み上げることは信頼関係を勝ち取るイロハです。

79 相談

信頼関係が出来て人間関係が良好になれば、相談事や、力を貸してほしいという要望が増えるはずです。それが、周囲からあなたに期待が集まる何よりの印です。人間関係に巧みな人は、「はい喜んで」と応えます。相談事がきても、いろいろと言い訳をして断ると、疎遠になるものです。

往々にして優秀な人は「お願いや相談事はご遠慮ください」とシャットアウト。意外に多いのです。優秀な人こそ、相談に乗ってあげられるのに……。周囲をバカにしているのでしょうか、二つ返事で応じない。気軽に応じることで、もっと上のステージに上がれるのですが、せっかくの機会を失っているのです。能力があり、人間関係も円滑に運ぶ人こそ、成功の道を力強く進んでいくのです。

あなたはいかがでしょうか？　**何事にも「ハイ、喜んで」と相談に乗り、力を貸しておられますか？**

私にはこんな経験があります。お豆腐屋に勤めていたとき、社長が些細なことまで私の意見を求めてきました。「この点について森田君はどう思うか？」と。いろいろと考えて返事をしました。すると、「それはなかなか良い意見だ」などと言って採用し、垣根をどんどん取ってゆく。その会社では辞めてゆく社員は殆んどいません。素晴らしい人間関係が築かれていました。

私は将来、必ず社長になりたいと思っていました。豆腐屋に長年お世話になると、いずれ社長を裏切ることになるのでは……と思い悩み、結局1年で無理に退職させていただきました。でも、あの経験は今に生きています。優秀な社長は、社員一人ひとりと素晴らしい人間関係を構築するよう努めるものなのだ、と大変勉強なりました。

相談に気軽に応じるだけでなく、周囲の人に些細なことでも相談してみてください。相談することでモヤモヤが払拭され、一気に視界が開けていくこともあります。**上司にも部下にも相談をたくさん出来る人は、きっと良い人間関係を保てるものです。**

80 借りる

前項で相談を取り上げました。その延長線上にあるのが、人の力を借りること。いろいろな勉強会などでは組織をつくっています。役職を引き受けてください、とお願いをされることがあります。役職に就くことで、一挙に垣根が取れ、親しいお付き合いが始まるのです。

青年会議所もライオンズクラブもロータリークラブもこの手法なのです。皆さん大変忙しい方々ですが、結構役員をお引き受けされるのです。力を貸してほしいという要請には、多忙を理由に断らず、よく応えておられます。感心します。

皆さんの私生活でも、周囲の人にお願いをして役を引き受けていただくことがあるはずです。そんなとき、互いの友好関係が芽生えます。ただ、こちらから無理をお願いするのです。お返しも十分に配慮してください。**持ちつ持たれつの関**

係にならないと、結局ご縁は太くならず、友好関係には発展しません。お世話になったら礼を尽くす。この配慮が、あなたとその人とのパイプを太くするのです。

ある一流の方々の集まるクラブから、有名講師の紹介をしてくださいという要請が、私にありました。そこで早速動き、高名な先生の快諾をいただきました。そうしたら思いもよらないお礼をいただき、ビックリ。会長さんもお越しになり、大変心のこもったご挨拶で恐縮いたしました。さすが超一流の集団です。時代の先端を進む集団は礼をわきまえ、レベルが違うものだ、と感心した次第です。そんな集団だから、最新の情報も集まるのでしょうね。

お世話になってお礼も配慮もしない人は、多くの人と良好な人間関係をつくることは出来ないのです。投げないボールは返ってきません。

81 一匹おおかみ

優秀で元気いっぱいバリバリ働く。そして成果を出す。いわゆる一匹おおかみと呼ばれる人です。

自分は出来る、と自信満々。能力のある人は自分ひとりのアイデアでどんどん成果を出してゆく。他人が間抜けに見えるのでしょうか？　人は人、自分は自分で頑張ったほうが効率良く、楽チンという人たちです。

しかし、そのバイタリティーも若いうちだけなのです。一匹おおかみは30代後半までで、40代以降は殆ど成果が出なくなるのです。一人で働くのはやはり一馬力。一人の優秀な長が、多くの部下の団結を図り、力を結集させると、集団のパワーが発揮され、人数の掛け算になるのです。有能な人は自分のノウハウを与えて多くの部下の育成を図り、良好な組織をつくって業務を遂行します。

他人がバカに見える人は、要注意なのです。とかく前向きで積極性もあり、頭の良い社員が一匹おおかみになりやすいのです。そんな人は、人生の途中で行き詰まります。そうした事例をイヤと言うほど見てまいりました。

多くの人と謙虚に友好関係が取れない人は、結局、苦労の人生を歩むことになります。

一匹おおかみの人が取りやすい行動パターンに、脱サラへのチャレンジがあります。しかし、脱サラしても、人間関係力に乏しいと孤軍奮闘になるのです。一人では成功しません。どんどん隅っこに追いやられ、哀れな人生になるのです。

創業して間もない頃、私は危険分散も考え、店舗を増やしておりました。その様子を見ていた近所の社長は、こう自負するのです。「森田さんは人を増やしているが、苦を使うようなものだ。わしは一人でこつこつときっちり儲けるんだ」。車は一番安上がりなキャブオーバータイプの軽トラックでした。その社長曰く、「先日儲かったから、家族でハワイ旅行をしてきたよ」。

ところが、少しお酒の好きな社長でした。飲酒運転で前の車に追突、両足を挟まれ長期入院、そして会社は倒産。優秀な部下を育成しておけば、入院しても部下が頑張ってくれ倒産は避けられたはずです。その会社には、小間使いの社員が一人しかいませんでした。一匹おおかみの末路です。

我が社に途中入社し、重役まで昇進した人がいました。上場を目指していた頃です。自分の退職金に株の売却金を加えれば、相当の資金になると分かると、上場前、期待に反して退職。今までの経験でコンサルタントになるんだ、と豪語しておりました。ところが、誰からも相手にされず、結局、当社と同じ商売を始めてライバルになったのです。同じ商圏に店舗が出来たので、私は応援も出来ず、見守るだけでした。数年で行き詰まり、心労で急死。残った家族は大変です。我が社は、その会社の後始末を買って出て、奥様に少々のお金を残すことが出来ました。我が社にいれば、今でも重役を務めていたと思います。残念です。

人間関係力の不足は、人生の進路を危うくするのです。

82 束ね、束ねられる

有能な人には、多くの人を束ねる力があります。多くの人から参加意欲を引き出し、一致団結の組織を創る。そこから素晴らしい成果が出るのです。人はそれぞれ長所、欠点を持っております。**いろいろな人を認め、善導する心で束ねるのです。その人の親、兄弟になるくらいの思いがあれば束ねることが出来ます。**

一方で、どんなリーダーにも束ねられる人になるのも重要です。「**他人を上手に使える人は、上手に他人に仕える人**」いう諺があります。ダメな人は何でも反発し、批判し、わがままを言い、他人に仕えることが苦手です。これでは人生は輝きません。上司が嫌だから退職したい、勤務先を変えてください……。束ねられることが嫌いな人は、意外に多いのです。人間関係力が備わっている人は、どんな上司にも仕えることが出来るのです。木下藤吉郎、後の豊臣秀吉を思えば、理解出来ますよね。

あなたは、誰にでも仕えることができますか？　どんな人にも、長所もあれば欠点もあります。その嫌な人も憐れむ心もあれば、悲しむ心もあり、朗らかに笑い転げることもあります。こちらが近づくように心を開いていかないと、溝は埋まりません。あの気難しい織田信長に、木下藤吉郎は上手に仕えて頂点まで上り詰めたのです。

束ねる側も束ねられる側も、お互いが敬意を持って接することが出来れば、人間関係力が発揮されるのです。

83 協調

社会がスムーズに運営されるには、互いに協力し合う体制が不可欠です。

例えば家庭。毎日を規律正しく生き、互いに尊重し、協力し合ってレベルを上げることが大事です。協調し合う親子、夫婦でなくては、辛いことがドンドン押し寄せてきた時お手上げになります。親は子どもを甘やかし、子はこの世に命を授かった恩も考えず自分が中心、そんなことでは多くの人と仲良くすることは出来ません。結局、孤立し、幸福に生きることも、成功することも出来ない。人間関係力が乏しい人になるのです。

人間関係で相手を認める。相手に愛を注ぐ。その大切さを理解すべきなのです。相手の長所・欠点を理解し、かつ相手を好きになる。これが愛の定義だと教えていただきました。相手の欠点をトコトン指摘することが横行したら、人間関係はギクシャクして協調は図れず、協栄もありえない状況になるのです。大きな天災で裸になった時は、お互いさまの精神で結ばれる事実。**素晴らしい時代を創るために、我々は協存協栄を目指すべきです。**

私はよく講演で中学、高校にお招きいただきます。残念なことに、頭から話を聞こうとしない子どもたちがいるのです。自分の好きなことしか眼中にない子ども。学校は、社会人になるための訓練の場のはずですが、全く理解していない子どもたちがいるのです。やがて、大人になった時、社会不適応になるのは目に見えております。

礼儀どころの話ではなく、人の話も聞けない子どもたちがいるという現実。とても心が痛みます。

一度厳しい教育へ戻さないと、協調を忘れ、勝手に生きる人たちの群れをこのまま社会に送り出していくことになります。放置すれば、日本社会を混乱させる羽目になると思うのです。共に学び、共に生きる。本来の日本人の特質を取り戻すのに、一刻の猶予も許されません。

教育現場に、人間関係力の復活を望みます。

第八章

自己実現の力

84 試練

人生の成功者への道は、社会から評価をいただき、自分の存在を認めてもらうことから始まります。

そして自分の夢を実現する。地位・名誉を勝ち取るのです。他人から評価をしていただくには、少々の努力では扉は開きません。いろいろな難問や試練が待ち受けているのです。それを乗り越えてこそ道が開かれます。

会社勤めの人は、会社から期待されて抜擢され、責任ある仕事を与えられるたびに試練が待ち構えております。初めて経験する仕事、若い年齢で重い責任——。**仕事には苦労が当然伴います。仕事が出来る人、期待を受ける人こそ、そうした多くの難問が待ち受けているものです。しかし、大変な苦労、試練がさらに能力を向上させ、より上のステージへと昇らせてくれるのです。**これが自己実現への道です。

もし自分で独立し事業を起こすと、会社勤めの何倍もの難問、苦労、試練が待ち受けております。脱サラ組は10年で95％が挫折し、生き残れるのは僅か5％と聞きます。

ある程度の成果は、厳しい試練を克服してこそ、つかめるものです。何度も言いますが、たとえ素質のある人でも一日3時間　365日を10年間、その素質に磨きをかけ続けないと、プロにはなれません。

人生で成功するためには徹底的に目標を追求し、試練に耐え、困難を克服することが大切です。そうしなければ、前に進みません。できれば、人生にワクワクする目標を立てたいもの。少々の試練は苦になりません。

喜んで苦労することが、自己実現へ駒を進める力になるのです。それには試練を突破する気構えと実行力が要ります。私も9年間の下積みを経験。創業後は12年間で50億円売り上げ達成へ向け苦労しました。言葉で言い尽くせない幾多の辛酸をなめました。今考えれば、よくもあれだけの試練が克服出来たな～と、感無量です。物事を達成するには、試練にへこたれない強靭な精神力が必要です。

85 挫折

人生を前向きに生きるには、挫折を受け止める力も必要です。何度も何度も挫折を経験した人は強くなるのです。

長い人生には大小の差はありますが、挫折は付きものです。**その挫折を乗り越えた時に、自己実現力はたくましくなるのです。挫折を真摯に受け止めて自分の無力を自覚し、再度チャレンジしてこそ力がつくのです。**

自分で選んだ仕事、出会えた仕事、それこそ天職だと思って取り組んでください。どんな谷へ転げ落ちても、そこにはきっと意味があります。「さあ、這い上がりなさい、伸びなさい」――天が与え給うた愛の鞭なのです。確固たる目標があれば、耐えられるものです。あやふやな目標なら、簡単に諦めてしまいます。再起出来ません。人生の確たる目標が、あなたの挫折を逆に力強いものに転じさせてくれます。仕事も趣味も、目標がないと、やすやすと行くものではありません。この理屈が分かっていれば、相当のレベルには到達出来るのです。

我が社が苦しい時期、広島銀行ＯＢのＴ氏に経営顧問を引き受けていただきました。Ｔ氏は30歳前後の２年間、闘病生活を経験したといいます。その挫折を乗り越えて復職。トップレベルの支店長まで返り咲いた方でした。２年間も休職し、重病を患えば、出世コースから外れるものですが、挫折をプラスに生かされた人なのです。

あなたはこれまでどんな挫折を経験しましたか？　挫折は、新しい力をいただくバネになります。いつまでも悪いことは続きません。心を強く持って、どん底から這い上がり、再度チャレンジしてください。きっと道は開かれます。

86 山・谷

人生は山あり谷ありです。そのうえ、まさかの坂まで待ち受けております。今脚光を浴びて輝いている人でも。その背後には厳しい経験があるのです。特に大きく輝いている人は、大きな谷も経験しておられるものです。

奥深い谷には必ず川が流れております。その川に流されたら命がなくなるのです。岩場に落ちたら大変です。それなりに非常時に助かるための準備が要ります。何をするにも、いろいろと最悪のことも考えておきたいものです。

谷底へ転げ落ちるときは、どこかに油断があるのでしょう。病気になるときは身体のことをいたわっていませんし、事業に失敗するのは、急ぎすぎたり、実力以上のことをしたりしたときです。できるだけ着実な運営をしていきたいものです。ついつい今の流れがいつまでも続くと、勘違いします。ノンビリと花の咲いた平原ばかり歩けるほど、この世は甘くありません。

私は創業9年で本社屋を建設することが出来ました。あの竣工の感激は忘れられません。樹林の茂る道を抜けて山頂に達し、雲ひとつない青空を仰いだような晴れ晴れとした気分でした。上場まではひたすら高みを目指す「山の時代」でした。生きがいに満ち溢れ、毎日が充実し、ドンドン会社も実力を付け、快進撃でした。しかし上場後、私の不徳なのでしょう、谷底へまっさかさま。こうした辛苦が勉強、経験になります。人生を培ううえで、良い肥やしになっています。

山や谷は、その深浅の違いはあっても誰にも訪れるのです。どんな状況になっても、心明るく元気に幸福に生きることが人生の目的です。自然界での山も谷も、大きく深いほど美しく見ごたえがあります。人生も同様。**山や谷が険しいほど、あなたを練磨します。山・谷が多いほど、自己実現の力が備わっていきます。**波乱万丈は人生修練の場と、ハラを決めて生きていきましょう。

87 学歴

学歴ある人で成功者になれない方が結構います。周囲の人とすぐに意見が衝突し、上手くゆかないのです。

社会では学歴があったほうが成功の確率はたしかに高いのでしょう。しかし、その能力を周囲が認め、力を貸してほしいと言ってもらえるかどうか、は別問題です。学歴のある人は周囲の人を軽視し、傲慢に振る舞いがちです。だから、他人との協力体制が盤石にならず。大きな成果に結び付かないのです。

私は高校卒ですから、学歴を気にする他人の心が敏感に分かるのです。有名大学卒で能力もありながら、登用されない人が結構います。高学歴の人ほど、他人の学歴に細かい配慮をすべきです。高学歴者に限らず、人が馬鹿に見えたり頼りなく見えたりするときは、自分の心が高慢になっている証拠です。自重する必要があります。

私は偉い、と思っても何の得にもなりません。全て周囲の人が評価してくれて自分のランクやポジションが決まるのです。「人間の頭脳は２００億円のコンピューターだ」と言います。そのマシーンを使いこなせば、勉強は出来るのです。高学歴の人はその頭脳を勉強に必死で使ったから、勉強が出来、好成績でよい大学へ行けただけのこと。勉強は出来ても、他人と協力して、ものごとを達成するのは苦手なのです。自分は出来る人、という妙なプライドがあります。このため、他人の力が借りられない人が意外と多いのです。

学歴はあったに越したことはないのですが、学歴を振りかざさないことです。学歴「能ある鷹は爪を隠す」「実るほど頭を垂れる稲穂かな」の諺のごとしです。学歴よりも人柄です。勿論、学歴もあり人柄も良ければ文句なし。私は何度も学歴で見下げられたことがありますが、その見下げた人はあまり成功者になっていません。哀れな人だと思うのです。

学歴の有無は、成功者になるためにはさほど影響はないのです。できるだけ、多くの人と協調し力を結集させる人間性、それに溢れる知恵があいまって、成功の道を歩むのです。

88 1％の大差

第二章で「1・01の法則」を取り上げました。この理論は衝撃的です。1％の努力、1％頑張る、1％知恵を出す、1％心を添える、1％温かい心を使う、1％期待に応えるように行動する――。そのプラス1％が、手を抜く人と7倍もの大変な差になるのです。あらゆる行動・心遣いで1％プラスすれば、全く違う人生を歩むことになるのです。

些細な差が、長い目でみれば歴然たる違いとなって表れるのです。怖いですね。あなたは他人と比べて1％でも違う人生を生きていますか？　**一味違う自分、1％の差を追求する姿勢がとても重要なのです。「微差が大差を生む」のです。**

蒔かない種は生えません。たとえ一粒の種でも蒔けば年ごとに増えて大きな畑になります。

目標に進む時、早々と途中で投げ出したくなる。それは普通の人です。1%追求し続ける人は必ず目標に近づいていきます。**1%の努力をし続ける人が、自己実現を可能にするのです。**何をするにも1%の差が、やがて大きな差を招く。このことを徹底的に腹に入れてください。

あなたは将来にどんな理想を抱いていますか？　できるだけ多岐にわたって夢を描いてみてください。夢が実現した時の状態を鮮明に描ければ、道を一歩一歩前向きに歩けるエネルギーをもらえます。1%の前向きが、全く異なる人生を創るのです。仕事で評価を受ける、プライベートで楽しむ、家族の幸せを求める、趣味を大いに楽しむ、健康を保つ——。いろいろな理想像を描き、自己実現の目標をたくさん立てるのです。

そうした夢を一歩一歩追求するのです。優先順位では、まず仕事で成果を残すこと。これが出来ないと自分のポジションが確定しません。そして土曜・日曜をどう活用するか。ダメな人は疲れたからといって寝てばかり。これでは成果が出ないのも当然。睡眠は8時間もとれば十分。あとの時間はいろいろと動くのです。

やるべきことはたくさんあるはず。１％の動きの無数の積み重ねがバカにならないのです。

友人からそこまでやるかと笑われることを紹介しますね。私の趣味の一つはダイビングです。

ウエットスーツを着ますから、全身がこんがり日焼けするのは難しいのです。だから夏には公共のマリンパークに出かけ、素敵なウッドデッキにバスタオルを敷き、海水パンツで日光浴をするのです。こんがり焼けるオイルを全身に塗り、お腹を20分、背中を20分、両脇を15分ずつ計70分炎天下で焼くのです。勿論好きなジャズを聴きながら水分補給をしながら。

70分だと皮膚もむけず、少しずつ焼けるのです。真夏に４〜５回行くと、パーフェクトです。この日光浴は何かしらエネルギーが体内に宿る気がして、とても気分がよいのです。ゴルフ場でお風呂に入る際、首から上と両腕のみ真っ黒な人を見ます。何か病的に滑稽に見えるのです。素肌での日光浴は皮膚がんになるといわれますから、お勧めはしませんが、森田流はいかがでしょうか。１％の努力も工夫次第。あなた独自の境地が開けるはずです。

89 忙殺

自己実現の大きな柱は、やはり仕事で光り輝くことでしょう。どうしても仕事には夢中になるものです。仕事で成果が出始めると、トコトンのめり込んでしまう。仕事のみに明け暮れる毎日、そんな状態の方も多いことでしょう。

仕事がキチンと出来る。これは素晴らしいことです。しかし「過ぎたるは及ばざるがごとし」です。いつか、どこかがほころびだすのです。私も創業6年目でダウンしました。疲労です。精神・肉体の両方で身体の異変を起こしたのです。「忙」は「心が亡ぶ」と書きます。さらに「忙殺」は「忙しく殺す」。忙殺状態は長続きしません。そんな時は、是非少しでも自然の中へ身体を置いてください。

夜の街でたむろすると、身体はもっとダメになるのです。そんな人をたくさん見てきました。殆どの人が夜遊びに走るのです。あえて自然の中で英気を養うのです。できればハイキングでもすれば良いのでしょうが、ノンビリと安楽椅子に腰掛けて美味しい空気を吸うだけでも大きく変わります。私はダウンして以来、川のほとりで魚を釣ったり、昼寝をしたりを心がけました。自然が心身をリフレッシュしてくれるのです。

忙殺状態はどうしても成功者には避けられないものです。でも、心してバランスを取ることを是非取り入れてほしいのです。音楽に興味のある方なら、車の中では心躍る音楽を流すとか、電車で移動する時は必ずイヤホンで好きな音楽を聴くとか、いろいろな工夫をして「忙中閑あり」をひねり出すのです。その場合は、健全なことでバランスを取ること。絶対避けなければいけないのは夜遊びとお酒・美食と異性です。命取りになります。

気分転換にはスコアのないものがオススメ。ゴルフにはスコアがあります。成功者は殆どスコアにこだわりますから、ゴルフはリフレッシュにならないように思うのです。私もゴルフをしていて楽しくプレーしていますが、やはりスコアが気になるのです。私の場合、スキー、ダイビング、ジャズ鑑賞、カラオケ、ガーデニング、車などに心が向くのです。ゴルフでも本人が心から喜べればそれで良いのですが……。プールで泳ぐという人、ジムで運動する人がおられますが、私の場合それらは続きませんでした。

90 弱み

大成功したい。でも知らないことだらけ。これが現実ではないでしょうか。しかし、知らないことはいくらでも補えるのです。専門家の力を借りさえすれば、大丈夫なのです。**問題にすべきは、何が自分の弱みかも分からずに仕事を進めること。だから成功者になるには勉強が大切です。**例えば、勉強会に参加して、いろいろな方の苦労話を聞かせていただく。何が自分には不足しているのか、理解できます。まず自分の弱点を謙虚に見つけ出すことから勉強が始まります。

私は小売業からスタートしました。そこで挑戦したのが販売士の3級、2級、1級の資格試験。2年間セミナーに通い、勉強させていただきました。小売業の大まかな仕組みが理解できました。また、「商業界」で小売業の皆さんの熱心な勉強ぶりに感動し、刺激を受けました。修養団や倫理法人会、モラロジーで心の世界、道徳倫理の勉強を、船井総研では小売業の競争に勝つ戦い方を、心の使い方・エネルギーの法則は青木盛栄先生に、内観の勉強は行徳哲夫先生に、ツキの大原則は西田文朗先生に、宍戸先生には経営者の品格を、上場に向けては上場支援会社のジャフコさんに指導をしていただきました。さらにバランス栄養学では佐藤和子先生に教わりました。いろいろな先生との出会いを重ねて、今の私があるのです。私の弱み、知らなかったことをたくさんお教えいただきました。

弱み克服のため、人の教えを乞う姿勢が大切です。不思議なことに、必要な時に素晴らしい先生と出会いをいただいているのです。運の良さには感謝するばかりです。


ただ少し心配な勉強会があります。勉強会の集団に参加すると、会のお世話役を仰せつかりますが、その役を果たすことが仕事になっている人を見ます。意外と多いのです。勉強会の目的からはずれ、勉強会を主宰する会社の手足に組み込まれて自分の事業を疎かにしてしまう。そのような団体があります。これは少々問題ありです。

会にお世話になっているのですから、奉仕も必要です。しかしエスカレートして、委員会活動を活発にするよう要請され、年間何度も本部へ集められる。あるいは数字を出されて、会員の増強が必要とか、ノルマを達成しろとか……。これは異常な会です。本業に専念出来ることが重要なのです。本部へ呼び出され、厳しく責任を追及されるような会は要注意です。知らないことを教えるからと、人の弱みに付け込む異常な団体もあるのです。

話がそれました。弱みはいくらでも埋めることが可能です。迷わず勉強し、前進すれば道は開かれるものです。真剣にことに取り組めば、どんどん弱みを返上し、逆に強みに変えることにもなるのです。

91 遊び

この項では少し楽しい話をしましょう。大成功するには第四章で取り上げたエネルギーが必要です。

仕事ばかりでは結局、体を壊してしまいます。遊びは、のめりこむことさえ注意すれば、人生の潤滑油になります。私は39歳までは遊びを殆どしませんでした。89項の「忙殺」で取り上げましたが、33歳のときダウンしてからというもの、少しずつ余暇を充実しなくては、と考えるようになりました。39歳までは郊外の川や海へ行って、のんびり子どもと遊んでいました。
本格的な遊び、趣味は45歳からのスタートです。ゴルフはお付き合いの趣向が強いと思っておりますが、やるからには、ある程度のレベルに、と毎日1時間予定を入れて徹底しました。すると3か月半で100を切り、まずまずのお付き合いが出来るようになりました。この15年間は平均スコアが88点で推移しております。

100点を切れない人のために少しゴルフの話をしましょう。普通の人は付き合いゴルフが多いのではないでしょうか。レッスンプロの多くはプロを目指していましたから、プロの打ち方を教えます。皆さんとはミスマッチで上手にならないのです。普通の人の基本はシンプル打法に徹すべきです。まずアイアンのラインが引いてあります。そのラインを常に水平に構えることから始めるのです。水平になることを意識してスタンスを決めましょう。そして手は伸ばしてスタンスを取ること、そのスタンスは前のめりにならないよう、できれば真っ直ぐ立つイメージです。前かがみになると、どうしても左右へぶれるのです。これからは右打ちの人で説明しますね。左足へ80％程度の体重を置き、テークバックをゆっくりしてみてください、その時ほぼ両足加重になるはずです。その時の腰と足の状態を見てください。そのテークバックした時の脚、腰の状態はスタンスを取った時の構えより先にしておくのです。そうすることによりテークバックは腰を回転させずに出来ます。手のみでテークバック、上へあげるだけです。

体重移動が不要になりますから。簡単にスムーズにテークバックが出来ます。ボールを両目でしっかり凝視して構えた所へクラブを下ろす、打つだけです。その時のイメージは右手を使い、金槌でボールを打つ感じでヒットすれば、ほどほどの飛距離が出るのです。体をターンして打たないことです。打った後の振りでターンをするのです。よくターンをしながら打ちなさい、とレッスンプロは言いますが、我々素人にそんな難しい打ち方は要らないのです。そんな打ち方だと、相当打ちこまないと上手になりません。シンプル打法をお勧めします。

ドライバーも同じく最初から腰とお尻を約10cm左にひねり、左の脚のすねを5cm前にすれば、ちょうどテークバックした時の身体になります。前のめりにならないよう、両手を伸ばし、両目でボールを凝視しテークバックをゆっくりします。

早くすると芯が右へ移動し正確なショットが出来ません。後はボールを凝視したまま身体のターンは意識せず両手で打つのです。右手は金槌で打つ感じです。あくまでもボールを打った後の振りでターンをするイメージです。ドライバーもアイアンも同じイメージでスイングするのです。後はボールの位置の調整で決めるのです。あくまで１００を切れない人への参考まで……。

かつて私の夢はお金持ちになって、お洒落なクルーザー、グランドバンクスを購入しマリーナに係留した船で泊まり、マリーナから会社へ出勤を……。その夢は果たせずにおりました。

最近スキー場でお会いした方から彼のキャンピングカーで昼食をご馳走になったことを家内に話すと、家内がキャンピングカーなんてイメージ湧かないから見たいと言い出し見学へ。何と予想もしなかったのですが、家内が大変気に入り、購入する羽目に。古い車ですが、倉庫に鎮座する２４０００kmの４ＷＤ車。掘り出しものにめぐり会い、60歳代後半からキャンピングカーの楽しみを手に入れました。

断熱効果も抜群で、テーブルを囲んで7人掛け、ＦＦガスヒーター、トイレ、シャワー、流し、２口ガスコンロ、格納式テント、ベッドは6人就寝可能、追加で19インチ液晶テレビ、電子レンジ、ナビゲーション&オーディオ＋スーパーウーハー、ソーラー充電器を取り付けフル装備になりました。大きさも長さ5ｍ、幅2ｍ7㎝、高さ2ｍ90㎝で普通車サイズ、街の１００円パーキングにも駐車でき、手頃な大きさ。これからスローライフの始まりです。

グランドバンクスがキャンピングカーになりましたが、陸のほうが安上がりで安全かも……。楽しめそうです。勿論スキー場へは前日から泊まり、のんびりスキーを楽しめることでしょう。スキーシーズン到来が待ち遠しく、ワクワクしております。

92 異業種

人生を成功させる大きな力。その一つが異業種交流会への参加です。
志ある人たちが、それぞれの夢に向かって走っている。そんな集団に加わると本当に刺激になります。私は今、森田塾を主宰しています。20歳代半ばの女性が参加していて、将来が楽しみです。サラリーマンやＯＬで経営者を育成する会に参加する人は、相当に高い志を持つ人だと感心します。経営者に限らず、志高い人、自己実現力を身につけたい人には、とても勉強になると思います。

私はカー用品店を創業して間もなく、先輩の紹介で商業界ゼミナール、倫理法人会に参加し、多くの異業種の経営者とお付き合いを始めました。大変素晴らしい教えとインパクトをいただきました。会社経営のあるべき理念、社長のあるべき姿、時代の読み方……。多岐にわたる指導で異業種のお付き合いのありがたさを感じました。その後はモラロジー経済同友会や船井総研に参加しました。

上場を目指す企業の異業種交流会ダイワクラブは広島で誕生し、早速加わりました。ダイワクラブの勉強会は25年以上で今も続いています。毎月1回、午前9時30分から夕方5時まで行われ、あらゆることが学べます。本当に素晴らしい勉強会です。特に海外とのビジネス、海外進出、工場建設、企業買収などの話は有益でした。また、毎月各社の近況報告を聞くので、それぞれの戦略、戦術、問題点も分かり、大きな力をいただきました。各社の志も大きく、素晴らしい経営者の姿勢に唸ることしきりでした。**レベルの高い人たちの輪に入ると、本当に勉強になります。わが身の小さなスケールを自覚し、さらに勉強を、と思わせてくれます。**

あなたはどんな会で勉強していますか？　くれぐれも井の中の蛙にならないように心がけてください。たびたび出しますが、「イワシはイワシで集まり、鯛は鯛で集まる」。より高いレベルの異業種交流会に参加し感化されることで、飛躍のチャンスがめぐってきます。

異業種交流はたくさんありますが、やや背伸びした感じの、高いレベルの会に参加するようお勧めします。小規模経営者が集まる団体はそのレベルです。団体の構成メンバーを見れば。大体のレベルは分かります。

企業規模が大きくなれば必ず一味違うレベルです。大きな企業を運営する人は観点が違います。

本で勉強したり、頭の良い人が教えたりする内容とは、桁が違います。経験に基づく話は全く違う意味があるのです。

いろいろな団体があります。零細業者が集まり傷をなめ合っている集団もあれば、2代目同士で遊びながら友人をつくる集団もあります。また、社会的名誉がほしくて集まる団体も。ぜひあなたの人生にプラスになる集団に参加し勉強してください。「論語とそろばん」（道徳と経済）の両面を理念として勉強している集団がお勧めです。

93 時流

大成功を勝ち取るため最も大切なのは、時流をつかむこと。川で泳いだらよく分かります。川上へ泳ぐことは大変な労力が要るのです。川下へ泳げばすいすい。仕事も時代の流れに乗ると、成功のチャンスはたくさんあるのです。

誰でも分かる流れは、多くの人たちが参入してきます。過当競争で大変です。私はカー用品店で成功をつかみました。でも雨後の筍のように同業者が溢れました。殆どの人が金儲けの生業レベル、私は企業として発展させるという目標がありました。新しい時代をつくりたいと、はっきり目標を持って頑張りました。オートバックスもイエローハットもない時代です。新しい状態の店をアイデアで組み立てていったのです。小さなお店が大繁盛し、それから大型化、多店舗化へチャレンジし、企業規模が膨らんだのです。

どんな新しい業界でも最初は導入期で需要が大きく、供給が少ない時は低いレベルでも商売になります。その中から新しく目立つ店がリーダーになり、盛り上げます。街で少し目立ち始め、新しい業界が出現。これが成長期です。街の一等地に、ある程度の大きさの店が出現、そんな会社が新卒を採用しレベルの高いサービスを提供する。成熟期の到来です。相当の企業規模にならないと運営できなくなります。優秀な店舗同士がレベルの高い競争を展開。その中で弱い企業が負けていく。これが衰退期。過当競争でなかなか儲からない。そして需給バランスが取れたら安定期に入る。こんな流れが一般的です。

導入期、成長期、成熟期、衰退期、安定期のどこへ進出するか、で戦略・戦術が変わるのです。

時代はドンドン新しく変化します。**新しいお客様の要望にお応えすることが、すなわち流れに乗る、ということです。**

今大変儲かっている会社も、時流が変われば、たちまち儲からなくなるのです。儲かっているとき、いかに流れが変わっても新しい波に乗る準備が出来ているかどうか、で企業の存廃が決まるのです。

個人の能力も、その時代の流れをどう取り入れるかどうか、で発揮の場が左右されます。柔軟に対応出来る人、そして出来ない人。その差は大きいのです。今どき、メールが出来ない人は仕事になりません。当然ですよね。成功する人は新しい物が好きです。古いものを好むのは、芸術家タイプの人です。

新しい物を取り入れ、活用し、新時代へ対処する。常に心がけておきたいものです。不易流行といいます。変えてはならない法則や生き方がありますが、一方で時流に敏感でなければ、ビジネスの世界では生き残っていけないのです。

94 顧客

「儲かる秘訣は？」と問われたら、私はこう答えています。「何を売ったら儲かるか、を考えるよりも、**お客様の喜ぶこと・求めているものは何かを考えてください。お客様が満足されるサービスを付加して売れば儲かります**」と。殆どの場合、これは儲かる、と自分の都合で判断していることが多いのです。

私はオイル交換の激安でカー用品業界に参入しました。でも、オイルが安いだけではお客様はわざわざ当店までは来てもらえないのです。その人のカーライフの良き相談相手になる、車を褒めてあげる、お客様の車の注意点などを話す、お客様の友だちになってあげる——などを心がけました。

なかでも一番歓迎してくださったサービスは、ガソリン券の格安提供。券を大量購入して低価格に出来ましたが、儲けにはなりません。オイル交換の価格だけで来店してもらえるほど、甘くはないのです。サービス付加でここまで徹底すれば、千客万来です。小さなお店だったから、出来たサービスかもしれませんが……。

第六章の「創る力」でも触れましたが、鉄のワイドホイールの話をします。普通は新品の鉄のホイールを購入し、ワイドに加工して売る方式です。新品使用ですから、結構高額になります。そこで私はお客様のホイールを下取りして販売するサービスを始めました。これは、爆発的なヒットになりました。これも、お客様の負担を軽減して喜んでいただくサービスです。ホイールの下取りシステムは日本で我が社だけのサービスでした。

アルミホイールがブームになる頃の話です。私は、アルミホイールをお客様の喜ばれるデザインで提案しました。当時の常務M氏と二人で討議しデザインしたのがロンシャンXR－4でした。おかげさまで爆発的な販売を記録したのです。スカイラインGTのプラモデルのホイールに採用されたのです。

カーオーディオのK社にこんな企画を提案しました。当時、カーオーディオを車に取り付ける時は全て取り付けキットが必要な時代でした。その頃、P社が業界のシェア50％を占めていました。したがって、どの店舗にもP社の取り付けキットの在庫がたくさんありました。そこでK社へ、P社のキットを使って取り付け可能なステレオの製造を提案したのです。

当時はメーカーごとに取り付けキットが違っていた時代です。またたく間にP社のシェアは30％にダウン、K社のシェアが20％を超えたのです。K社は業界参入して日が浅い会社でしたから、本当に喜ばれました。P社はトップ企業で、結構強気の営業でした。だからK社は全国のカー用品店を味方につけることが出来たのです。K社のカーオーディオ発売10周年には大変なご褒美をいただきました。この企画は本当に痛快でした。

アルミホイールが全盛の頃、ロシアの宇宙産業の力を活用して世界最軽量のホイールを開発したこともあります。1万トンプレスでアルミの塊を鍛造化してそのアルミ鍛造を100%削りだしでホイールをつくるのです。肉厚3mmのリムを持つ世界最軽量のストリートホイール「リーガマスター」の誕生です。レース、ラリー、ジムカーナ、0～400mドラックレースなどでもこのホイールを使わないと勝てない時があったのです。その年の日本カー用品大賞をいただきました。

顧客の心をどうつかむか。そのためには、まず他人・他社が手がけていないことに着目してください。あとは、それをどう製品化するかがポイントです。

95 取引先

あなたは取引先から、どのように評価されているのでしょう。そんなこと考えたこともないかもしれませんが、できれば取引先から引き抜きの声がかかるくらいに評価されたいものです。いつかどこかでお世話になるかもしれません。常に節度ある態度でお付き合いをして、他人・他社から高く評価をいただいておくことは大切です。

我が社の社員の例です。購買担当者の態度が仕入れ業者に対して横柄だったようです。こちらが買う立場ですから一見、上位にあると錯覚し、ぞんざいになるのです。彼は大手メーカー仕入れ先の担当者に、いかさま師まがいの暴言を吐いたのです。本当に失礼な話です。後になって私はその話をお聞きし、身がすくむ思いでした。その大手メーカーの担当者は現在、その会社の専務さんです。会社の理念は「善の経営」です。本当に残念な話です。仕入れ業者があって、会社は初めて成り立つのです。

私は創業時、仕入れで本当に苦労しました。創業して1年もたたない頃、N社の広島営業所に毎日商品の仕入れに現金を持って行っておりました。朝はその営業所も忙しく、私が倉庫へ入らせていただき、出庫は私の責任で作業をし、現金払いで帰っておりました。ところが、その会社がコンピューターを導入することになりました。毎日の現金販売はお断り、そのうえ月間30万円ほど購入している私は同額の保証金を求められました。そんなお金など、手元にあるはずがありません。当時はがきが7円。今なら200万円の保証金に相当します。

所長さんに、何とか善処を、とお願いしましたが、ダメでした。友人、家族らを説得し、どうにか30万円を工面して、取引口座を継続していただきました。

捨てる神あれば拾う神あり。街を走っていたら、カー用品総合卸しK社の車を見つけたのです。その車を追いかけて行き、路上で私との取引をお願しました。するとと後日、わざわざ来店。わずか5坪のお店です。正直、お取引いただけるかどうか、心配しました。ところが、現金払いの取引でOKが出たのです。

仕入れ単価を聞きました。これが、N社より相当安い！ 取引額はどんどん増え、あっという間に月間数百万に拡大しました。商品が入荷すると、すぐに現金を振り込むのです。勿論N社からは保証金を返してもらうことにしました。そうすると所長が青くなり保証金は返すから取引は継続していただきたい、と……。冗談でしょ。K社との取引はその後、年商数億円へ発展しました。K社から後に毎月一回の締め払いでOKをいただきました。

誠意ある仕入れ先とつながることが肝要です。私は創業以来、長い間、即金払いを継続しました。商品と引き換えに現金を払うのです。そこまですれば、素晴らしい仕入れ先との取引が広がっていくものです。

仕入れ先を大切にすることは、事業成功の基礎です。そのためには何よりも、仕入れ先が安心し信用してくださること。日頃の取引のカギは、この一語に尽きます。

96 惚れる

何をするにも、惚れること。これが大きな成果につながります。モノを販売するにも、その商品に惚れなければ販売は出来ません。勤めている会社に惚れなければ、社内で成果は出ません。勿論高い評価はいただけません。将来自分で独立したいと思っている人、いらっしゃることでしょう。しかし、今の会社で高い評価をいただけなければ、独立しても成功は到底望めません。今の上司に喜んでもらえない人は、独立しても他人は使えないのです。

惚れてこそ、何事も成就するのです。不平不満をブツブツ言っている人から、成功者が出ることはありえません。商品に惚れ、会社に惚れ、他人に惚れる——。そう努めている人に、自己実現力はつくものです。

一般に殆どの人は、取り立てて惚れる感覚があるようには思われません。でも、出来る人は違うのです。成功する人も違うのです。物事に惚れなくては、エネルギーも説得力も出ません。**何事にも強く惚れれば、自信・誇りが生まれ、強い信念が持てるのです。周囲は必ずその前向きな姿勢を理解してくれます。何事も惚れてこそ、パワーが身につくものです。**

私は創業して、このカー用品業に惚れこみました。仕入れ業者には、業界を代表するような素晴らしい会社をつくるから力を貸してほしいと訴え続けました。夜の接待を受けるのは遠慮します、と言い、もしそんな費用があるのなら値引きをしてください、と。必ず会社を大きくして期待に応えます、と訴えました。

販売社員がネクタイを締め黒のスラックス姿で店頭に立つようにしたのは、我が社が業界で初めてでした。当時は殆どのお店がTシャツにジーパンで商売をしておりました。この業界はレベルが低く優秀な人材は採用出来ない、と他社の経営者は考えていました。でも、我が社は創業8年目から大卒の採用が出来るようになりました。

何事も惚れて努力すれば、道は広がっていきます。自分で自分に惚れる、そして今の会社に惚れる。そんなことが出来ないのは、みずから成功への道を閉ざしているようなもの。自己実現と縁を断ち切っているも同然。人生成熟の努力を放棄しては、まことにもったいないではありませんか。

第九章
器量の力

97 器

創業時、社長になって一番の悩みは、社長の器以上に会社は大きくならないと言われることでした。何をどうしたら器が大きくなるのか？　先生、先輩にお聞きし、経営者の器とはこれだと気つくことから一歩一歩改善してきました。

器を大きくするための要件として、誰もが指摘するのは次の4点です。一つ目は**社員の力を一つにまとめ社員の力を借りて業績を上げること、**二つ目は**社員の幸せのお手伝いをする、**三つ目は**取引先の方々に喜んでもらうこと。以上の三つは「三方善」の理念を実践することです。**そして四つ目は**友好的にお付き合いし信頼関係で結ばれる**人をより多くつくること。

私は師や友を積極的に増やしてきました。人は十人十色。いろいろな人生を学ぶことが出来ます。そうは言いながら、できれば、正しい生き方をしている人とお付き合いをしましょう。普通の人とは喧嘩しない程度にお付き合いをし、性格の悪い人とはできるだけ関わりを持たないことです。器づくりは、立派な人格者とどのようにご縁を持つかが大きな分岐点かもしれません。

この器の話は、人生も社長業も同じことが言えるとつくづく思うのです。人生においても器の小さい人は、人生が輝きません。ひっそりとした寂しい人生になるのです。会社では力のない人同士が派閥を作り、愚痴を言い、傷をなめあうのです。会社では、社長と専務のどちらも力がある場合は互いに力を合わせることが出来ます。ところが、どちらかが力不足の時は必ず力のないほうが派閥を作るのです。本当に力のある人は派閥など作らないのです。力不足の2代目も派閥を作る可能性が大です。

あなたは正々堂々と人生を大きな器で生きるよう是非チャレンジしてくださいよ。この第九章は、その器量の力をどう大きくするかを取り上げます。**器を大きくし、前向きに元気いっぱい輝いて生きることこそ、生きがいのある人生なのです。**

器の小さい人はすぐに喧嘩を始めます。そして人をバカにしたり、さげすんだり、偉そうにしたりするものです。世の中を見ていると、胸の社章、会社の威厳で偉そうに振る舞う人も多いのですが、そんな人も定年退職すればタダの人。全く力を失い、意気消沈。70歳の手前であの世へ旅立ち、という哀れなことになりかねません。

自己中心で自分の世界にのめりこむのは要注意。少なくとも、縁ある人の幸福づくりのお手伝いをしましょう。そんな人こそ、本当の人間力を備えた大きな器の持ち主といえます。狭い殻に閉じこもらず、大局的な思考で社会と関わりを持ちつづけていきたいものです。明るく元気で前向きな、いつまでも活動的な人生を歩んでほしいものです。できれば現役を退いても社会のお役に立つよう努めていきましょう。また、若い人は社内外の活動で器を大きくするよう研鑽を積んでください。

98 師

自分で器を大きくすることは、とても難しい。人はどうしても自分を正当化し自分は間違いないと思う傾向があるのです。そこでお勧めしたいのが、**人生の師を持つこと。師は、あなたをきちんと正しく導いてくださいます。**

経験を積むことで、少しずつ進化はするのですが、時間がかかり過ぎます。所詮一人の経験では不十分です。しかも、結局、自己中心的な発想から抜け出ることは出来ません。

器量を高めるには、師の存在が不可欠です。たとえ、お付き合い出来なくても、目標となる人を師と仰ぐこともいいでしょう。私淑《ししゅく》です。

あなたには、人生の悩み・苦しみを相談し、元気に生きる法を教えてくださる師はいらっしゃいますか？　あるいは、相談出来る上司や先輩、知人はいますか？なかなか自分ひとりでは正しい決断が出来ないものです。成果を出す手法も分からないものです。悩んだり苦しんだりしている時は、何事も見えなくなっている状態です。だから、周囲の見識ある人、師の指導をいただくことで光明が見出せるのです。問題点が分かり、打つ手もハッキリするのです。心から信頼し尊敬する師を持てる人は、とても幸せものなのです。

私の最初の師は松下幸之助さんです。松下さんの著作を何冊も読み、なるほどと感心することばかり。ナポレオン・ヒルの教えにも大変な感化を受けました。

だから、トータルな生き方の指南書として本書の上梓を決心したのです。

修養団や倫理法人会へ導いてくださった先輩、モラロジーで出会った先生方など素晴らしい先生・師との出会いがあって、今の私があります。

多くの師の指導で自分の器がどんどん大きくなり、自信を持って人生を歩むことが出来るようになります。そのためには、教えを乞う素直さが必要です。

素晴らしい教えだから、と紹介しても殆ど受け入れない社員がいます。器が小さいのです。だからいつまでたっても、力のある幹部には育ちません。特に道徳の勉強は最重要だと思うのですが、殆どの人は興味を示さない。他人と上手な関わりが出来ないのは、器は小さいからです。

みずからの至らなさを自覚し、多くの教えに耳を傾けていきましょう。人生はその先で輝きます。

99 指南役

会社など組織の運営に、あるいは個人の生き方にとって指南役はとても重要です。会社の事情だけでなく、社長個人のプライベートなことまでよく理解していただき、指南を仰ぐのです。

歴史に登場する大成功者は必ず良き指南役を持っていたと言われております。私の場合、心に残る指南役の一人が河野正浩さん。副社長としてお力を貸していただきました。私より15歳年上で、メーン取引銀行では凄腕の支店長。小さな会社へ来ていただける人ではなかったのですが、誠心誠意お願いしました。高い報酬を出すという競争相手がありましたが、報酬の少ない我が社を選んでいただきました。ユアーズブレーンの創業者、斉藤喬氏も20年近くお付き合いいただきました。地元でトップコンサルタントへ上り詰め、若くして逝かれたのが残念でなりません。

また、当社が大変厳しい状況に陥った時、優秀な岡田忠行顧問をお迎えし、多方面の相談に乗っていただきました。おかげで正しい決断ができたこと、心より感謝しております。

創業まもない頃、税理士事務所の島原順良先生と出会い、大きな力をお借りすることが出来ました、当社初の指南役といえる方です。私の経験不足を埋めてくださいました。

島原先生から道徳を教えるモラロジーの存在をお教えいただきました。「論語とそろばん」の論語部門の勉強です。殆どの経営者はそろばんのみで生きておられる。欠けているのが、論語部門。聖人の教え、道徳の勉強は成功に欠かせない重要案件です。昨今の政治家も、道徳の勉強が足りないように思われます。若いうちから先生と呼ばれてきた人は、どうしても社会性が乏しくなりがちです。是非、道徳を勉強していただきたいものです。

権力、お金、学問、知力を持った人は横暴になりがちです。優秀なお目付け役、指南役を持たなければ、暴走する羽目になるのです。だから短命に終わるのです。若い経営者こそ、しっかりした指南役をつけるべきなのです。

私は創業まもなく好業績がつづき、少し天狗になりかけていました。そのとき、広島経済レポートの記者・菅皓三さんと出会い、こんな質問をしてみました。「どんな会社が安心できますか」。菅さん曰く「最低10年繁栄しなくては評価できません。社長の人柄が重要です。少し成功したくらいで胸を張る人は必ず、ずっこけます」。その後、菅さんには我が社の外部評価をお願いする指南役を務めていただきました。率直な忠告のおかげで、比較的地に足が付いた経営が出来たと感謝しております。

人間は地位をつかめば、横柄になる傾向が出てきます。是正には指南役が必要です。特にトップになると、心地よい話しか入ってこなくなります。耳に痛い指摘をズバズバしてくれる指南役が欠かせないのです。

100 敬意

立派な師、優秀な指南役とお付き合いし、力を借りる――。その前提条件があります。敬意を持って接することです。敬意なくして、力を借りることは出来ません。ところが、口先だけで敬意を表している方が多いのです。本心から敬意を表してください。謙虚な心で敬意を表するのです。きっといろいろな方々が師に、指南役になっていただけるものと思います。

上手くいっているのは、運よく時代の流れに乗っているからです。そんなとき、立派な師がおられたら、将来のためにも素晴らしい警鐘的アドバイスをいただけるはずです。力ある師、指南役は、ちゃんとお見通しなのです。

でも、なかなかそこまで冷静になれない人が大半です。意外と自分を客観的に見ていないものなのです。


私にはこんな経験があります。道徳を勉強する会で、素晴らしい師、藤村義郎先生との出会いがありました。これを男の一目惚れというのでしょうか、素晴らしいお人柄で光り輝いておられ、私の理想の先輩・師と直感しました。その後、心から敬意をもって先生とお付き合いをしました。その先生は勿論実業家です。江田島の海軍兵学校を首席で卒業。第2次世界大戦ではドイツに駐在武官として派遣され、スイスのゾルダーグランドホテルで米国のダレス氏と隠密裏に和平交渉をしました。その藤村先生がこう言われるのです。「森田さんは何歳から社長をしておられますか？　若くして社長になったら、お付き合いを重ねるうちに美食に走る恐れがあります。美食を慎み、十分に健康維持を考えてくださいね」

経営の話とは全く違った観点でのご指導でした。健康が一番。経営者の基礎は健康にあり。以来、おかげさまで健康を保ち、67歳の今も元気です。

藤村先生の温かいご配慮で、大阪船場での講演会の前座を務めるよう指名をいただいたことがあります。務めを果たし、大変勉強になりました。先生のご自宅へご挨拶に行くと、ご夫婦で温かく迎えてくださいました。

先生の葬儀が東京青山で営まれた時、お別れに涙が止まりませんでした。藤村先生のドイツ駐在武官時代の和平交渉などが題材になり、役所広司さん主演の映画「アナザー・ウェイ　D機関情報」が制作されたのです。素晴らしい先生でした。立派な先生とのご縁をいただいたこと、心から感謝しています。

101 原理原則

器量を測るモノサシの一つは、原理原則を理解し実行しているかどうか――。**特に社会人では「論語とそろばん」、すなわち道徳と経済の両面をきっちり理解し私生活や仕事で生かしているかどうか、が重要です。**お金持ちの道へまっしぐら、お金はつかんだが10年足らずで失脚という方が多いのです。やはりどこかが原理原則に合致していなかったのです。

人生の目的は、明るく元気に幸福に生きることです。その目標達成のために仕事があり、お金儲けをするのです。ゴージャスな生活が目的ではないのです。115項で説明しますが、「吾唯足知」の精神を理解していない人は、いずれほころびが来るのです。

先輩からこんな話を聞きました。「水道で顔を洗う時、勢いよく水を流しながら顔を洗いますか？　それともちょろちょろ出しながら顔を洗いますか？　そのスタイルであなたの将来は決まるのです」と。水ぐらいでと殆どの人は笑うのです。

無駄にしない精神は例えばこんなところにも出ます。あなたはお茶を飲むとき、飲む分量だけお湯を沸かしますか？　飲むカップで何杯かを計って沸かせば一滴の無駄もないのです、そのシビアな精神が大変重要な原則であり心がけなのです。質素倹約はこんなところにも表れるのです。欲しいモノを何でも手当たり次第買っていませんか？　心貧しい人はやたらと買い物をすることでストレスを解消しようとします。家に入れば足の踏み場もないほどの家具、生活用品。そんな家庭には必ず病気がちな人が住んでおられます。

会社経営者も少しお金が儲かると社屋を建て替えたり、豪壮な自宅を建てたり、あるいは車や服装、持ち物を豪華にしたりする人が多いのです。また出張には新幹線のグリーン車に、飛行機はファーストクラスに簡単に乗ってしまうのです。

しかし長くは続きません。太くとも短い人生で良し、と考えておられるのでしょうか。でも、太く長い人生でありたいもの。さらに言えば、末広がりに良くなる人生でありたいものです。逝く時、惜しい人を亡くした、仏様のような人を亡くしたと言われ、あの世へ旅立つのが尊いのです。そのように歴史は教えております。

ビジネスでは費用対効果をキチンとみることが重要です。背伸びは不要です。歴史のある企業はとても堅実な経営をされているケースが圧倒的です。器量の大きさはこんなところにも表れるのです。

人生で成功するのは、仕事と遊びを両立する人です。健全な遊びの達人になることも重要です。仕事の虫は多いのですが、夜遊びでは真のストレス解消にはなりません。一時的な麻薬のようなモノです。一本芯が通っていて、誰が見てもなるほどと思わせる原理原則を持って生きてください。後はそれを理解し実行出来るかどうか。その人物の器量の力が問われます。

102 他人の力

他人の力を借りることも、器量の大きさ如何です。順調にいっている時は世間を甘くみてしまいます。力がある人、金力を手にした人、地位を手に入れた人、高学歴者は知らず知らずのうちに周囲の人を見下げています。

一人では何もできません。私たちは多くの人たちとの協力で社会に貢献しています。しかし、社会的に高い立場になると、謙虚に他人の力を借りる発想が希薄になります。松下電器産業（現・パナソニック）創業者の松下幸之助氏は小学生にも教わることがあると言われています。また、取材に来た記者にも教わる素直な心こそ、一番重要な素質だとも述べておられます。だから小学校中退の松下幸之助さんは世界的企業に育て上げたのです。なかなか同じようには行きませんが、我々の与えられた人生でも多くの他人の力を借りる器量は育てる必要があります。

権力・地位・金力がその人から謙虚さを奪い、他人の力を借りることをよしとしないように変えてしまいます。そして裸の王様になるのです。

私も創業まもなく順調にいったものですから、ついつい社員は私が面倒をみてやると思い上がった時がありました。しかし師の指導で、謙虚に社員の力を借りて事業を拡大発展させ、社員や取引会社の幸せのお手伝いを優先しようと理念を転換。会社はこれまで以上に業績をあげていきました。その後、多くの先生にお付き合いをお願いし、ご指導を素直に取り入れて発展出来たのです。成功者、師、友人、先輩、社員、部下、取引先など多くの他人の力を借りれば何でも解決していけます。多くの能力を貸していただければ、あらゆるものが解決するのです。

妙なプライドは捨ててください。特に胸のバッジがものをいう人は十分に気を付けてください。本人は意識しなくても周囲はそのバッジに身を引くのです。よほど謙虚な態度で接していないと他人の力は借りられません。あなたはいかがでしょうか？　周囲の人から力を貸していただいて今がある、と考えられますか？

その考えに至れば不平は相当に軽減されるのです。

是非、**周囲の人に感謝し、友好関係を築き、他人の力を大切にしてください。**他人の知恵・力を借りることは恥でも何でもありません。受け入れる器を狭くしていると、人生の幅も狭くなります。

103 忍耐力

人生も仕事も苦労は付きものです。苦労に耐えられるかどうか。これでも器の大小が分かります。どの程度の苦労が喜んで出来るのか、厳しい状況になっても耐える力はあるのか？ 苦労を避ける、面倒くさいことは他人に振る——こんな人は器量が小さいのです。

どんなことでもドンと来い、の心意気が大切。何事も目標を達成するのは半端な苦労ではありません。徹底努力の先に成果が出るものなのです。つい手を抜き、のんびりしたい怠け心をどう抑え込むか。**やり遂げる貫徹の意志が問われるのです。人生行路には山あり谷あり、どんな逆境が来ても負けない覚悟、諦めない心が要るのです。**

お金儲けには熱心。でも自己管理がおろそかで、美食をむさぼり、不健康な生き方しか出来ない人が結構多いのです。お金より大切な健康。ところが、美味しい物には自制がきかない。忍耐力が足りないのです。

肥満の人に経営者の資格はない、と欧米では言います。自己管理の出来ない人に組織のトップが務まるはずがない、というわけです。

東日本大震災で家族を失い、家も津波で流された方々の悲痛な姿。テレビを見るたびに心が痛みます。被災地の状態を思えば、我々は本当に現状に感謝すべきです。不平など、とんでもないことです。少々の忍耐は当たり前。苦労が人を育てます。知恵が出るし、アイデアも出るのです。苦労する喜びを感じて今の仕事に、人生に、前向きなチャレンジをするのです。そのエネルギーがあなたを大きくするのです。どんな苦労も苦労と思わない自分をつくるのです。その心は自分がコントロール出来るのですから。

大小の違いはあっても、誰だって苦労しています。人間の一生で苦労の分量はみんな一緒、と言われるゆえんです。

今は順調でも、これから苦労が来ます。今苦労している人は、やがて朝の光を浴びて輝きます。夜明けが来ない夜はなし。負けたらダメ。今苦労から逃げている人は将来、大変な苦労を背負い込むことになるのです。ならば、少々の苦労は今引き受けておいたほうがよいと思いませんか？　将来が楽になるはずです。**何事も勉強です。自分が伸びるチャンスです。厳しい冬を耐え忍べば、希望の春が訪れます。**

104 先人に感謝

感謝は、器量を測るうえで重きをなしています。感謝は第三章で取り上げましたが、この器量の力でも、もう一度考えてみたいと思います。

あなたは、この日本という国が好きですか？　どうでしょう。私はこんな素晴らしい国はないな〜と、つくづく思うのです。

昭和20年の敗戦後、大変な苦労を先輩たちはされました。戦後の急速な復興は世界から絶賛されています。多くの先人たちのおかげで今の時代があります。平和な世の中は全て先人先輩のおかげで出来上がっております。

先人に感謝することはとても重要です。その苦労に感謝し、先輩たちの追求した素晴らしい日本の未来へ、我々も力を結集しなければ申し訳ありません。今の世の中は平和ボケした国民が結構いるのも事実です。でも正しい考え方で社会貢献し事業を立派にされている方々のおかげで今の生活が出来ているのです。時代をリードする器の大きな人は、**先輩の恩恵に感謝し、志を引き継ぎ、日本国を将来にわたって維持発展させることが重要です。**

国民が安心して幸福に暮らせる国づくりに欠かせないのが、感謝の力なのです。お互いが感謝し合うことこそ、平和で安心出来る国、富国有徳の国への道ではないでしょうか。


政治家もお互いに他人を認め他者の極端な批判を控えることが出来ませんかねえ〜。国を代表する人をペテン師呼ばわりするのは如何なものでしょうか？　会社であんな発言が横行すると、あっという間に倒産です。あまりにも器の小さい人が議員になっている。いや器でなく、争いのルールが地に堕ちているからでしょうか？　本当に情けない状況です。国家を代表するトップ集団が次元の低い罵声の応酬。国民があきれてしまうのは当然です。議員さんには品格を備えていただきたいものです。

会社で罵声を飛ばせば、会社経営は無理です。

今、お互いに他人を認め、感謝する生き方が問われているのではないでしょうか。「器の大きな先人に感謝する」――。未来の子孫からそう言われるよう、私たちは心して生きていきたいものです。

第十章
幸福の力

105 日々是感謝

幸福の第一歩は、今自分の置かれている状況にまず感謝することから踏み出しましょう。おかげさまで私たちは世界の中で最も安全で便利な生活をさせていただいております。こうした恵まれた環境に感謝したいものです。そうすれば、あなたの幸福感は膨らむのです。

ともすれば現状に不満ばかりを言い募り、我が欲望が満たされないことに苛立ちを覚えるものです。でも、そんなことを繰り返していて、何の益があるというのでしょう。幸福感を味わう人は、今の自分の状況に喜び、そのうえで社会への恩返しを含めて仕事に邁進するのです。言い換えれば、今の生活に感謝しつつ、仕事でより業績を上げる。そして喜びながら仕事が出来る人こそ、真に元気いっぱい前向きな人生を送っている、といえます。

不平タラタラ、感謝のカケラもなく、ブツブツ言いながら仕事をする——不幸な人の典型的パターンです。感謝の力を発揮し、人生も仕事も心底、謳歌する。こんな人が幸福を呼びよせるのです。

少々の問題点はどんな社会にもあります。しかし、お互いが協力し合い改善して行けば、解決出来るものです。**明るく元気に幸福に生きることが人生の目的です。その目標を噛みしめながら、たとえ今逆境にあってもその状況を受け入れ、より良い方向へ舵を切っていきましょう。諦めず、目標へ向かって着実に進むのです。感謝しながら進むのです。**

逆境の時は、ついつい自分一人が不幸のように思って弱音を吐いてしまいますが、逆境をバネにしましょう。それは得がたい体験になり、新たな人生を創造してくれるのです。闇の中にも、いつか必ず曙の光が射してきます。諦めず頑張れば、また日は昇るのです。

生きていることに感謝し、常に「有難い」という心でいれば、たとえ苦しみに遭遇しても痛みは相当に軽くなり、活力を維持しつつ前向きな行動が取れるのです。私が初めて道徳の話をお聞きした先生は、交通事故で片方の脚をなくされた方でした。その先生は全く暗い影がなく、社会と私生活に心から感謝しておられました。「脚を失った経験談によって、皆さんが恵まれていることに感謝してくだされば、こんなに嬉しいことはありません」とおっしゃるのです。まさに「日々是感謝」を実行しておられました。

また、体に障害のある方からこんな言葉も聞きました。「少しは不便ですが、不幸ではありません」。とても感動しました。

「日々是感謝」。幸福の力の第一歩です。肝に銘じて一日一日を大切に送っていきたいものです。

106 幸福の女神

幸福の女神は、明るい心の持ち主に微笑みます。明るい心の重要性は何度も取り上げてきましたが、何事も明るく受け止めなければ、エネルギーがいただけません。エネルギーのない人は幸福から遠ざかります。明るさを失えば、真っ暗で何も見えなくなり、何ら智恵が出ません。イコール何も出来ない不幸な人になるのです。

明るさこそプラスのエネルギーを生み、生活を改善する窓口になります。常に

明るさを保つ。これこそが、幸福の女神を自分に振り向かせるのです。

あなたは、世の中の何もかもが美しく輝いて見えること、これまでにありませんでしたか？　たくさんあるはずです。子どもの頃の遠足、運動会、修学旅行、入試に合格した時、就職が決まった時、好きな人と恋愛をしている時、結婚式、初めて海外旅行をした時……明るくとてもハッピーなことがあったはずです。

しかし、そんな大きな出来事だけを明るく感じるのは、少し残念です。**朝起きてから就寝するまで通常の生活の中で、明るい心で生活が出来てこそ本当の力になるのです。**これが幸福への入り口です。日常の些細なことがらでも常に明るくとらえる。そうすれば、幸福への扉が開かれます。

毎朝明るく元気に起きる。朝は明るく元気に挨拶をする。誰にあっても明るく元気な声で話す。どんなに忙しくても明るく元気に仕事をする。力を貸して、と誰かに頼まれたら、「ハイ、喜んで」と明るく元気に応じる。こんな人は、間違いなく幸福になれます。

「明るい」の同義語は前述したとおり、「明善愛信健美与」の7文字。その心遣いと行動をとれば、洋々たる人生が開けます。一方、「暗い」の同義語は「暗悪憎疑病醜奪」。言うまでもなく、不幸の7文字です。後者を退け、前者を取り入れて、実りの人生行路を歩んでください。

107 謙遜

幸福の力を大きくするには、謙遜の心も大切です。人との出会いを喜び、仲良く出来る人こそ、多くの人から教わり、自己を高めることができます。私たちはどうしても我が強く、他人の意見に素直に耳を傾けないものです。我を少し抑え、謙虚な心で他人とのご縁を結ぶ。そうした親密で友好的な人が幸福をつかみます。

童心を取り戻して感性を呼び覚ます「内観」という研修があります。大人になるまでにいろいろな経験をしてきました。中には面白くない、不愉快なことがあります。そうしたマイナスの経験が、本来の無邪気で素直な心を埃まみれにし、感性を鈍らせてしまっているのです。子どもの頃の素直な心がよみがえれば、感性が磨かれます。そして、多くの人たちと友好関係を築き、幸福への道を歩めるのです。

昔から日本人の特質として、謙遜の心が挙げられていましたが、今の時代はあまりにも自己の主張を押し通す人が多くなり、ぎすぎすした世の中になっております。良識ある人たちが当然備えておくべき謙遜の心はどんな時代でも忘れてはいけません。

仕事が出来る人はどうしてもこの謙遜の心・態度が取れません。心の奥に他人をバカにする気持ちがあり、それが大きな障害になります。周囲から尊敬され喜ばれるはずの人が、意外と孤立しています。**大物と言われる人は、謙遜の心の持ち主です。**

高学歴の人の中に、自分で選んだ今の仕事を喜ばないケースが目立ちます。いやいやする仕事は成果につながりませんから、どんどん立場が悪くなり、昇進レースから落ちてゆくのです。どんな仕事が与えられても当たりくじなのです。伸びてステージを上げるチャンスなのです。謙虚な心で事に当たれば、道が開かれるものを……。惜しいことです。

優秀な社員O氏。高卒ですが、とても素直な社員です。先輩の指導を素直に受け入れ、ことごとく実行に移します。こつこつ積み上げていくタイプです。良い実行件数がどんどん増えますから、実績がずば抜けた数字になります。何でも良いことは素直に取り組み、マスターする。「善の積み上げ」の実直さが、O氏活躍の土壌となっています。

108 喜ぶ

何事も喜ぶことです。それが幸福の力を生みます。特に普段の暮らしを喜び、日常の些細なことを喜ぶ訓練がとても重要です。殆どの人はそんな些細なことは取り立てて喜びません。いつもの生活のパターンでは感動もなく喜びもなし、という意識。毎日乗っている車に感動する、なんてことありませんよね。でも、タイムスリップして今の車で50年前に走っていけば、たちまち富裕層の仲間入り。車を保有し運転することなど夢のような時代。あなたの感動は、ただならぬはずです。

今の日本はモノが溢れ、購入・保有する感激が薄らいでいるようです。人間の

慣れは怖いものです。取り立てて喜ばない。かつてに比べ、すごく贅沢な生活をしているのですが、残念なことに不感症。喜びのない日々は不幸の入り口です。

私はあの感動的なフルハイビジョンテレビを見るたびに毎日感激しよう、と心に誓っています。本当に素晴らしい美しさです。喜ぶ心を大切にして、いつまでもハイビジョンテレビを感動で見る人は素晴らしく幸福だと思いませんか？　私はそうありたいのです。車も然り。素晴らしい性能ですし、便利です。乗るたびに素晴らしい音楽が流れ、ハンドルを握るたびに心が躍ります。携帯電話も本当に素晴らしい。どこにいても、直通で掛かってくる。本当に感動です。そんなの当たり前？　本当はすごいことなのですが、感じ取れない。不幸な社会です。

毎日の食生活。有難い時代です。スーパーには食品が溢れ、何でも口にすることが出来ます。それを喜ばずして、何を喜びますか？　極楽天国に住んでいるが如し、です。たとえ今逆境にあっても、喜べるものはたくさんあります。美味しい空気、それも無料で吸える空気。その空気をもし購入すると、年間一人４００万円強の請求書が来るそうですよ。高価な空気をタダで吸わせていただいているのです。そう思えば、生きる喜びが湧いてきませんか。

109 規則

人生を生きるためには、大切な規則を守りたいもの。戦後の教育で個人の権利主張を優先したばかりに間違った異常な自由主義が横行しております。しかし、そのような人たちは徐々に孤立して行きます。

子どもの頃からわがままな生活を送っていると、規則などそっちのけ。社会はルールを守ることで成り立っているのに……。空き缶、タバコなどのポイ捨て、大型ごみの不法廃棄。ルール違反は目に余ります。よそのゴミ置き場へ平気で捨てる人もいます。「コンビニは公衆トイレにあらず」と、コンビニ店長がある本で嘆いていました。マナー、ルールを守る。こんなことまで再教育しなければならないほど、国民のモラルが低下してしまっているのです。

モラルの低い人には、幸福の力もありません。必ず長い人生で問題が起きて、不幸への道を歩むことになります。服装にしても場所をわきまえず、どこへでもジーパンにTシャツでウロウロ。夏はサンダルに短パンで平然と子どもの参観にやってくる。異常です。本人の感覚を疑います。そんな親に育てられた子どもは、果たして社会性が身につくのやら、と心配しています。小・中・高校の制服を復活させルールを守る教育をするのは、大人たちの義務と思うのですが、それ以前の問題です。

痛ましい事件が多発しております。自分本位、自分優先の心が不幸を引き起こしているのです。会社勤めでも、ルールを守らない社員にはお引き取り願いたい。公園で、横になれないベンチをよく見ます。心ない人が横になるので、占拠防止のためにあのようなベンチになっているのでしょうが、少々情けなく思うのです。たまには公園でのんびり横になりたい時もあるのではないでしょうか。勿論、誰もいない公園でのことですが……。あの横になれないベンチは、日本のレベルの低さを証明しています。まことに嘆かわしい光景に映ります。そこまで規制しないと、ベンチひとつスムーズな活用が出来ないのでしょうか？　こんな事象が、国民の幸福の縮小を物語っています。

世の中の決まりごと、マナーをキッチリ守ってこそ幸福の力が増すのですよ。

110 お世話

多くの人から喜んでいただける。これも幸福の力を増幅します。いろいろと力になってあげる、相談に乗ってあげる、気軽になんでも教えてあげる――。そうしたことを気軽にし合える仲間が多い人こそ、幸福の道を歩めるのです。

要らないお節介よ、と拒む人。人は人、私は私で、進んでお世話をしようとしない人。力添えを頼まれても気持ちよく引き受けない人。こうした態度をとる方は意外と多いのです。**人のお役に立つことが気軽に出来てこそ、多くの人との友好関係が広がり、喜びも拡大し、幸福への道が開けるのです。**

悩んでおられる人、苦しんでおられる人、悲しんでおられる人。そんな方たちの話を聞いてあげる傾聴ボランティアの話をお聞きしました。ひたすら悩み・苦しみに耳を傾ける。素晴らしいことだと感動いたしました。聞いてあげることで、悩み多き人たちが心を落ちつかせ元気になる。生きる喜びを差しあげる尊い行為です。頭が下がります。

親は子どもに対して、見返りを求めず、必死で世話をします。そのように見返りのない世話が出来てこそ、社会人として評価が高まるのです。殆どの方が損得の論理で世話をし、得にならなければ辞退します。あるいは、相手が好きか嫌いかで参加・不参加を判断します。

しかし、できる限り先にこちらから、お役に立つことをさせていただければ、普通は必ずお返しがあります。あるいは何度かしていれば、必ずお返しがあるものです。**良いことはこちらから先にさせていただく。それが素晴らしい結果を生むのです。投げないボールは返ってきません。**幸福の力の大きい人は、この理屈を十分理解し、前向きに積極的に自ら進んでお世話、お手伝いをしています。

創業10年目、37歳の頃、私は道徳の勉強会に参加しておりました。その後、急にその会の会長に推薦されました。当時は大変忙しく、仕事以外でとてもお世話など出来る状況ではありません。ためらいましたが、総務課の理解も得て引き受けました。５年間の長きにわたって会長を務めさせていただき、私なりに会の存続発展の仕組みをつくりました。多くの理解者が現れて、会が急速に発展し、全国的な評価をいただきました。そのご縁で多くの知り合いが出来ました。以来30

年近くなりますが、充実したご縁に感謝しています。あのとき、「弱輩ですが、努力させていただきます」と、思い切ってお引き受けしたことが結果的に未来を拓いたのだ、と思います。

111 笑顔

元気で輝いている人は、素晴らしい笑顔の持ち主です。ある先生が「人生は笑顔で決まる。だから良い顔づくりの運動をしよう」と提案していました。第四章で触れた「エネルギーの法則」からみても、**明るい笑顔はプラスのエネルギーです。笑顔は全身に良い反応を与え、元気いっぱいになります。当然、病気も少なくなり、活力が増し、幸福の扉を開けます。幸福の力になるのです。**

あなたは、朝起きてから笑顔いっぱいでスタートしていますか？　顔を洗い、髪を整え、女性の方は化粧をして……そんな時、必ず笑顔の訓練を鏡に向かってするのです。優しい口元、優しい眼はどうしたらつくれるのでしょう。訓練を重ねるうちに、だんだん笑顔がつくれるようになります。

電車に乗っている時、歩いている時、車を運転している時――いつも顔に笑みを浮かべていますか？　現実にはこんな人は少ないのです。むっとしている顔は、いただけません。笑顔を絶やさないようにすれば、素晴らしい人生が送れるのです。笑顔の人は、誰からも好感を持たれ、お付き合いの輪が広がります。

病気の人は笑顔がつくれません。悩んでいる人、苦しんでいる人も笑顔が消えます。笑顔は心の鏡でもあるのです。笑顔は心が喜んでいなくては、つくりづらい。笑顔の人は心が充実し、安心し、喜んでいる状態なのです。言い換えれば、笑顔の人は幸せ者ともいえるのです。笑顔をつくれば、普通の時間が幸福な時間へ変わるのです。「心のコントロール」でも話をしましたが、笑顔は心のコントロールでつくれます。そして幸福感もアップするのです。

長寿の人も間違いなく笑顔の持ち主です。笑顔のない人は、長寿不可能だと思うのです。**長寿の人は何とも言えない魅力的な笑顔の持ち主なのです。あなたも是非、これからの人生の目標に良い顔づくりを掲げ、笑顔が素敵な人柄になるよう努めてください。**

心の中を感謝と明るさで充満させれば、笑顔が浮かぶものです。勿論、明善愛信健美与の心を育てることにより、笑みを絶やさぬ表情が備わってきます。

112 健康

人生を幸福に生きるための基礎は健康です。しかしながら、一番重要な健康に注意している人が意外と少ないのです。殆どの方が健康に留意せずに美味しいものを、ほしいものを食べている――そのように思うぐらいです。体に良いものを食べる。この方向へ切り替えないと、いずれ体が悲鳴をあげます。病気の発生です。

今の日本は何でも食べられる素晴らしい国です。ただし、全ての食品が体に良いとは言えないのです。

テレビ番組のコマーシャルでいろいろと販売促進のために情報を流す。その情報のつまみ食いで食事を取り、サプリメントを取る。どうしてもアンバランスな食事になる傾向があります。**バランス栄養学に基づいた食事を取ること、そして日本人のDNAに合った食事を取ることが重要です。**

おびただしい先祖のＤＮＡを受け継いで今の私たちが生まれたのです。10代さかのぼれば、ほぼ３００年です。３００年前から食べ続けた食品が、我々の体のＤＮＡを構成しております。だから比較的新しい外来の食品は、やや体に合わないものもあります。体をつくるのに重要なたんぱく質は古来、魚と豆からとっています。牛、豚、鶏は体温が人間より高いため、それらからとるたんぱく質は血液を固める作用があるといいます。サラサラの血液を作るには魚、豆類からとる方がベターです。牛、豚、鶏のたんぱく質が絶対ダメではありません。偏らないことが必要なのです。中心を魚・豆類に替えるのです。

体を健康に保つために酵素の摂取も欠かせません。酵素は70度以上の温度で死滅します。現代は殆ど煮炊きして調理をします。だから食品にある酵素が死滅するのです。生野菜、刺身、味噌、納豆などに酵素はあるのですが、焼いたり煮炊きしますから、殆ど酵素がとれません。本来、味噌には多くの酵素が含まれておりますが、商業主義でしょうか、酵素を殺して袋詰めした商品が氾濫しております。酵素の入った「生味噌」をできるだけ70度以下の調理で食してください。

私の飲む味噌汁はこうです。食べるジャコと乾燥の海藻類をお椀に入れ熱湯を注ぎます。少しふやけてきて少し温度が下がってから、生味噌を小さじ山盛りいっぱい入れて味噌汁を作っております。味噌を煮ないのがミソです。その味噌汁を朝昼晩三食にとっています。それに玄米を発酵させ顆粒にした「ハイゲンキ」を毎食2袋ずつ食しております。

水分補給も重要です。ビール・コーヒー・紅茶・日本茶は利尿作用があり、水分補給にならないのです。だから血液がドロドロになるのです。真水を飲むことをお勧めします。私はお茶やコーヒーの代わりに熱い白湯を飲むよう心がけております。

こうした食生活に替えてから、とても健康になりました。老眼鏡が要らなくなったぐらいなのです。髪の毛も黒々としております。食事のあとは睡眠をできるだけとります。睡眠時間の少ない人は昼寝を15～30分とると相当に違います。

運動も大切。汗をかくぐらいに体を動かします。毎日のストレッチ体操も重要です。私は上半身を左右へ振るのを100回、両手の肘をできるだけ上げ左右交互に上げるのを100回、立ったままで両足を屈伸させるのを100回。合計5分間の体操（森田浩市のブログ参照）を必ず1日1回はしております。忘れないために、お風呂に入ったときにしております。

それと**明るい心を常に保つこと、**この健康法を続けることによりおかげさまで健康そのものです。街には食べても健康にならない食事、いや悪い食事が氾濫しております。どうか体に良いものを食べてください。一度、食生活の足元を見直してみましょう。**健康は食事・睡眠・運動・明るい心がつくるのです。**

113 結婚

晩婚傾向になっていることが心配です。何のための人生でしょう。明るく元気に幸福に生きるには、家族を持つ喜び、幸福感が大きなウエートを占めます。一番小さな集団は家族です。当たり前のことですが、一人では家族とはいえません。

子どもがつくれる人は是非、産んでいただきたいのです。この世に命をいただいたお返しに、子孫を残してほしいのです。女性は30代、40代になると体力的に妊娠する確率が少なくなること、皆さん、ご存じですね。30代後半から、急に妊娠出来なくなる可能性があると聞きます。だから若いときに子どもをもうけてほしいのです。子どもが出来ない人もおられます。出来る人は是非、子育ての喜びを味わってほしいのです。結婚・出産・子育てを考え、子どもの大学卒業までを頭に入れると、男性も女性もおのずと結婚適齢期が逆算出来ます。

夫婦で助け合える家庭を持つのは素晴らしい。お互いが理解し合い、愛し合う。愛する夫、妻の存在は幸福への大きな力になります。お互いが、わがままを言えば争いが絶えないのですが、相手を思う心遣いと行動が出来る人なら問題なく幸福になれます。

私は見合いで断られたり断ったりしながら、4人目の女性と結婚出来ました。以前お話ししましたが、私は独立に失敗し、どん底でプロポーズ。でもOKです！彼女は、11人目が私だったそうです。縁というものはこんなものです。お金のない26歳での新婚旅行は2泊3日のささやかな旅行でした。

早いもので結婚して41年。5月の連休中、新婚旅行の旅路をたどることにしました。キャンピングカーで4泊5日1000kmの旅。別府の地獄谷、やまなみハイウエー、阿蘇山、内牧温泉、水前寺公園、熊本城、天草パールラインでは、41年前の記念写真と同じシーンで撮ってまいりました。長年連れ添った夫婦の味はいいものです。

ちなみに結婚記念日は10月10日、体育の日でしたが、近年は体育の日が10月第2月曜に移動し残念です。祝日に式を挙げておけば、一生祝日だから、と読んで

10月10日に決めたのですが……。たまたま2011年は10月10日が第2月曜になりましたが……。

114 家庭円満

結婚し喜んでくれたのは、両親と妻の母でした。親の喜ぶ顔を見て、親に安心してもらう家庭にしなくては、と決意したことを思い出します。伴侶が出来て、一家の大黒柱にならなくては、と今まで以上に仕事に頑張りました。貧乏所帯でスタートでしたから、根性が入りました。妻も共稼ぎで頑張ってくれ、支えてくれました。アパート暮らしは8畳、6畳、台所、風呂、トイレの2DK。狭いながらも、楽しい我が家です。

おかげさまで子ども3人を授かりました。子育ては大変ですが、一番の幸せを感じる時でもあります。**両親も妻の母も、孫の誕生を心から喜んでくれました。親が目を細めて喜んでくれるのですから、本当に幸福感を味わえます。家庭を持って一人前。そんな気分にもなります。**

両親から夫婦円満の秘訣を伝授されました。できるだけ夫婦一緒にお風呂に入ること、そしてお互いが背中を流し合う夫婦になりなさい、と。明治・大正生まれの両親が一緒にお風呂に入っておりました。子どもからみて自慢の両親でした。私たちもその習慣を引き継ぎました。

朝の挨拶は明るく元気にするようにしております。家を出るときは家族全員で握手をして家を出るようにしました。とくに子どもたちとのスキンシップがとれ、本当に良かったと思います。今は2人暮らしですが、家を出るとき握手を欠かすことはありません。

30代後半で仏壇を購入しました。先祖への感謝の窓口は大切です。森田家先祖代々之霊の位牌を納め、お寺さんにお越しいただき法要をして我が家へ仏壇を迎えました。何かしら心が安らぐのです。先祖の皆さんが応援してくれているような気持ちになります。先祖への感謝の心を子どもたちに身をもって示すことが出来ます。家族の絆を深めてくれます。

夫は妻の両親を、妻は夫の両親を大切にすることが出来れば最高の夫婦になれます。夫婦お互いが相手の親に孝行をするのです。

正月は必ず自宅で迎えることにしております。家内はおせち料理をつくり、鏡餅などで正月気分に浸り、必ず初詣でをします。家族全員でお参りし、お年玉をプレゼントします。一年の計は元旦にあり。年神様を迎える正月行事は大切にする必要があります。大手流通業の元日営業開始により、全国的に元日営業へ移行し、日本的正月の迎え方が崩れてしまいました。政府指導で正月ぐらい営業を休むことが出来ませんかね。その大手流通業も力を失いました。まずい戦略は続きません。

折々の行事を暮らしのなかで大切にすること、日本的な心温まる家庭をつくること。家族の幸福を支え、祖先とのつながりを確認するために、是非、推し進めていきたいものです。如何でしょうか、古いでしょうかね〜。

115 吾唯足知

京都龍安寺の茶室。手を洗う蹲《つくばい》に「吾唯足知」と刻まれています。人間として

「足るを知る」ことが大切と教えております。仏教の教えの神髄です。人間はついつい今以上に、と望みます。**欲望には際限がなく、その心が災いを起こすのです。**吾唯足知を私はこう捉えています。現状に感謝しつつ、向上心を持って暮らしましょう、と。美食を追求する、お金もモノももっとほしい、地位もさらに上を望む――。欲望の塊になってしまうのが人間です。醜い人間にならないよう、「知足」の心を育てることが重要です。

私たちは、努力や社会貢献、いろいろな期待に応えることで、そのご褒美として名誉や地位、お金、モノが与えられる。そのご褒美に心より感謝し、喜び、知足のつつましい生活を送ることが大切なのです。心の奥底にある自己中心的な暴走を抑えること。その重要性を説いているのです。

損得中心ではなく、善悪中心で判断することの大切さを教えているのです。順調な時はついつい有頂天になり、足るを忘れ、得意になり、羽目を外すもの。たまたまラッキーにも良い流れに乗れただけのことなのに、そうは思えないのが人間の弱いところであります。

沈着冷静な人は常に感謝しつつ、知足の精神をわきまえ、堅実な生活を志向し

ます。そんな人は生活が安定し、喜びの生活が長く続くのです。謙遜の心を大切にし、地に足が付いた人は一味違うのです。

吾唯足知の対極にあるのが、見栄を張ること。人間の愚かさでしょうか、自分は他人より偉い、格が違う、お金持ちだ、と背伸びしたくなるようです。勝ち負けの論理を生活にまで持ち込み、自分は違う、とアピールしたくなるのです。豪華な家と車、如何にもと分かるブランドのファッション。見る人が見れば無理して虚勢を張っていることが分かります。

古来、美徳とされた謙遜の心が薄れ、自己主張がまかりとおり、多くの人が我が物顔の生活を送るようになりました。異常な雰囲気の社会になっております。そんな中にあって、吾唯足知を心得た人は評価され、社会のリード役として充実した人生を送れるのです。

116 お金持ち

誰しもお金に余裕のある生活がしたい、お金持ちになりたいと思われることでしょう。幸福の条件にお金持ちは欠かせない。そう思う人が殆どでしょう。では、お金持ちになるにはどうしたよいのでしょうか？　お金をたくさん稼げるのは、期待に応えて成果が出せる人です。

もっと便利に効率よく楽しく、と社会は変化してきました。それらの期待に応えた人が、社会から評価され、その報酬としてお金をいただくことが出来るのです。自分勝手に好きな仕事を探す前に、いかに多くの人から仕事で高い評価をいただけるか、が重要なのです。自分で商売を開始しても、お客様から喜んでもらえない商売は成り立たないのです。当たり前ですが、その商売が多くの人の支持を獲得すれば繁盛するのです。

お勤めの方は、所属する会社が喜ぶ成果を出してこそ、幹部に昇進するのです。ところが、多くの人はぶつぶつ言いながら仕事をしています。これでは、昇進もままならず、思ったほどのお金は集まりません。不平不満ばかり言うようでは、お金持ちにはなれません。言い換えれば、**自分のことより周囲の人に喜んでもらえるよう努めないと、収入も増えないのです。**

お金持ちになるには、収入の範囲以内で生活することも重要です。収入の80%で生活する人は、必ず20%は貯金が出来ます。収入の増減に関わらず、80%で生活出来れば確実にお金は残るのです。お金持ちになるための当たり前の理論です。しかし、収入の少ない人が見栄を張り、高級を好むのです。お金が入る前に借金し、ローンを組んで先にお金を使うのです。借金地獄の始まりです。

ローンを組むのは、家を建てる時と教育のため程度にしてください。車も中古で十分ですし、お金の掛からない車を買うべきです。しかし、お金がない人ほど背伸びして新車を購入するのです。それもローンを組んで。本当のお金持ちは案外、質素です。車も普通の車です。殆どの方は現金払いの範囲でしか買わないのです。高い金利を払うローンなどは使わないのです。**質素で通す人が結局、手元に余裕資金が出来、裕福になるのです。**

お金の関係で注意すべきは、保証人を引き受けるかどうか。最悪その保証金額は差し上げることを覚悟して、保証人になるのです。そんな大金を知り合い、友人へ差し上げることが出来ますか？　そこまでのお付き合いなのか、よく考えて保証人になってください。保証人になったばかりに家・財産がなくなり、ひどい状況に落ち込む人が意外と多いのです。その金額がある日突然請求されて自分の生活が出来なくなる恐れがある時は、絶対に保証人になってはダメなのです。一瞬にして地獄へ落ちる可能性が大きいのです。保証してあげた人が雲隠れ、もしくは自殺したとき、借金はあなたが全額負担。それでも保証人になりますか？特に注意してください。

117 本物

人生の目的は　明るく元気に幸福に生きることです。ところが、一見幸福そうに見えても意外に問題を抱えて生活している人が多いのです。

常に元気ハツラツ、にこやかに胸を張って颯爽と歩く。笑顔が素敵で、品格を漂う。こんな素晴らしい先輩が何人かおられ、目標にしているのですが、共通するのは、感謝の心をお持ちだという点。常に周囲に対して深い心配りを忘れず、幸福な生活を送っておられます。皆さん、若々しいのです。

本物の人はどこか違います。感謝の心と温かいお人柄で周囲から尊敬され、光り輝いています。意外と質素にして謙虚。楽しい趣味もお持ちです。健康には特に注意され、明るい心を大切にしておられます。ご家族も仲良く明るく、夫婦円満。そんな人こそ、幸福の力をたくさん備えています。あなたのお知り合いで、理想のご家族、お人柄の人はおられませんか？　目標とする人がおられれば、とても良いことです。少しでも参考にして幸福な人生を追求してください。

私の友人Fさんは素晴らしいご夫婦です。そのご両親も素晴らしいお人柄でした。お父さんは94歳で亡くなるまで、道徳の先生として私たちにお話をしてくださいました。90歳過ぎても矍鑠《かくしゃく》としていて、声に張りがありました。亡くなる前日、そろそろお父さんのお世話を兄弟3人が交代でしようと家族会議を開いたそうです。その日も自分でお風呂に入り、夜も一人でトイレに立ち、何ら問題はなかったといいます。お父さんは翌朝、隣でお休みの奥様も気づかないまま旅立ちました。

Ｆさんの子どもさんも素晴らしく、ダイビングには親子で参加。良いお人柄のお嬢さんです。本当の幸福な家庭はこうなんだ、と唸らせる素敵なご家族です。

Ｆさんのお仕事は倉庫業。会社の土地は入り口が狭い鍵型でしたが、入り口のガソリンスタンドが廃業し、銀行の勧めでその土地を購入しました。ところが、最も重要な荷主から何と解約の申し出があり、倉庫業が立ち行かない状況になります。そこでやむを得ず、廃業を決意しますが、人柄の良い人を運が見放すことはありません。入り口の土地を購入していたおかげで、間口の広い国道沿いの広大な土地を大手洋服屋さんが一括借り上げ。立派な大型店舗が立地します。奇跡的な進展です。

Ｆさんは、お父さんの遺志を継いで道徳講師として大活躍です。

また、いろいろなイベントでも喜んで実行委員長などを引き受け、多くの人の相談に親身に乗っておられます。夫婦でバランス栄養学の勉強をして健康に留意され、仲睦まじい、まず喧嘩のないご夫婦。忙しい身でありながら夏のダイビングには毎年参加され、ツアー一切のお世話をしてくださる素晴らしいお人柄なのです。そのうえ、Ｆさんの３兄弟はとても仲の良い家族です。

人柄の良い人、円満な素晴らしい家族は天の力で良いほうへ導かれていくのだな～と思います。神様はどこかでちゃんと観ておられるのだ、と思わざるをえません。真に幸福な力をお持ちの方は、天からご褒美がもらえるのです。

我々はなかなかFさんの家族のようには行きませんが、その生き方を見習いたいものです。

第十二章

人生を創る力

118 再出発

あなたは現在の生活に満足をしておられますか？　『日本人の為の成功哲學』をここまでお読みいただき、ご感想はいかがでしょうか。こうしていろいろな角度から自分の生き方を見つめ直すと、お気づきの点もたくさん出てきたのではないかと思います。気づいた時がスタートです。

今の状態はこれまでの考え方・行動の結果です。これからは新たな姿勢で臨んでください。毎日の仕事や人間関係のなかで、人生の目的を追求するのです。現状を常に明るく元気に幸福に捉えていきましょう。胸に不平不満をくすぶらせていたのでは、人生の輝きは到底望めません。感謝を忘れず、周囲の期待に応えることです。

誰もが、多かれ少なかれ期待を寄せられています。であれば、その期待に全身全霊で応えるのが、人としての務めです。仕事をするときは一心不乱、命を懸ける覚悟であたってください。そうすれば、Sクラスの評価を得るのです。

その気になれば簡単です。**夢を心に描き、その夢を実現するために勉強し辛苦に耐え、研鑽を積むのです。少々の努力ではものになりません。徹底した追求で物事は乗り越えられるのです。**

努力の前提に心のあり方があります。明るい気持ち、前向きでなければ、邁進するエネルギーは生まれません。何事も諦めない粘り強さも備えてください。たとえ今、暗中模索の状態でも、やがては霧が晴れるように前途が徐々に明るくなってきます。

世に言う成功者は決しておごらず、謙虚です。だから、人望があり、多くの人たちから慕われ、厚い信頼を寄せられるのです。実業界で重きをなす人は、絶頂期にあっても浮かれることはありません。冷静に謙虚に、企業の存続発展のために、先の手を考えています。

どうか、間違いのない人生を歩んでください。悪いことはすぐに止め、良いことはすぐに実行する。これを習慣にすればいいのです。何事も習慣になって初めて力を持ちます。良い習慣をどれほど多く身につけられるか。これが幸福な人生のカギを握っています。再出発にあたって、日頃の習慣も点検してみてください。

今日を人生のターニング・ポイントにしたいものです。

119 一度しかない人生

「人生は片道切符」。気づいたときは、もはや後戻りができない状態、そんなことが多いのです。後悔、先に立たず、です。だから、自分なりの人生計画や目標が要るのです。その年その年で、やっておかなければいけないことがあります。さらに将来を見据えて、結婚し家庭を持つという計画。時期を逸すると取り返しがつきません。計画しておけば、殆ど間違いなく出来ることばかりです。「親孝行したいのに親はなし」にならないようにしてください。年齢に応じた目標を早めに銘記しておきましょう。

再度確認です。仕事ばかりでは行き詰まります。自然の中で英気を養う習慣をつけておかないと歳を取るとだんだん出来なくなります。特に健康維持は一番重要な課題です。体に良い物を食べる、美食に走らない、暴飲暴食を慎むこと。日本人としてＤＮＡにあった食事を取ってください。体を壊せば取り返しがつかなくなります。病気を抱えての仕事には身が入りません。とても苦痛です。特に今順調な方、接待、パーティーの毎日ではないでしょうか？　必ず体がダウンします。その美食と飲酒の毎日では体は持ちません。このコントロールが成功者の一番気をつけなければならない課題です。仕事では常に着実に一段一段階段を上がるのです。仕事も健康に注意しながら成果を追求するのです。いつまでも元気いっぱいに輝く人生を謳歌したいものです。

何度も申しましたが、人生と仕事には「論語とそろばん」のバランスが大事です。「道徳と経済」と言い換えてもいいでしょう。経済的欲求のみでは成功はおぼつかないのです。「道徳なき者は滅び、道徳有るものは栄える」。人として正しい道を歩むことが成功につながります。そのためには、道を教えてくれる師が必要です。是非、良き師を見つけて、みずからを律する手本にしてください。師を先哲に求めてみるのもいいでしょう。

世界で一番長く続いている組織は、仏教でありキリスト教ではないでしょうか。それはすなわち、釈迦やキリストの教えが多くの人たちに影響を与えてきた証しでもあります。聖人は、心に染みる金言をたくさん遺しています。孔子の「論語」に生き方を学ぶ日本人もたくさんいます。

そろばんの勉強は盛んですが、道徳を知らない世代が多いのです。それが今の世の混乱を招いております。先哲に学び、師につき、道徳を勉強し、善の追求をする——。金銭に置き換えられない大切なものが、この世にはあるのです。

120 心は一つ

自分の心の操縦は、自在です。コントロールを心がけ、何事も前向きに捉えていきたいものです。「明善愛信健美与」の7つの心がけです。

まず問われるのは、他人に喜びを与える心遣いが出来るかどうか。他人に喜んでもらえなければ、成功はありえません。第一歩は明るい挨拶、それも心を込めて。表面的な挨拶ではいけません。心がこもっていれば、相手の気持ちが和み、友好が深まるのです。うわべを繕ってもダメです。本心が透けてみえています。心底、相手の幸せを祈る気持ちがあって、初めて互いの心が通い合います。

あるとき、尊敬する先生からこう指導されました。「心の文字を足の親指の爪に書いておけ」と。早速、実行。両足の親指の爪に「心」と油性のフェルトペンで書き、常に低姿勢で、おごり高ぶることがないよう、みずからに言い聞かせました。自慢高慢ばかのうち、と言いますが、分かっていても、ついつい天狗になるものです。でも、不思議なもので、心のありように注意を払い始めて、自然と優しい心遣いで接するように変わっていきました。おかげで、多くの人たちから力をお貸しいただくことができました。心の持ち方ひとつで、人生が変わるのです。

心ひとつでエネルギーを生むこともできます。明るい心はエネルギーいっぱいに生きる出発点です。常に明るい心を忘れないでください。明るい心でいれば、社会で大活躍するエネルギーを得ます。また自分の体も元気にしてくれます。

心遣いは、道徳に基づいた本物であって初めて社会から支持されます。心をしっかりコントロールして、周囲に対して誠実な心遣いと行動をとり、明朗で誰からも愛される人生を歩んでください。

121 成功への道

成功への道は自分を進化させることが重要です。成功する人は、素直に人から学びとろうとします。松下幸之助さんが最も重視する性格は、素直な心です。**素直な姿勢で多くの方から教えていただいて初めて成功の道を歩めるのです。知らないことが失敗を招きます。教わることで、失敗を防ぎ、成功の確率が上がります。**

次に、他人を褒めること。素直に褒めることで、あなたの人間性は格段にアップします。そして、感謝の言葉「ありがとう」をドンドン言う。「ありがとう」は奇跡の言葉です。1日100回心の中で言い、口にも出して言うのです。必ず、幸運が手元にもたらされます。

さらに、人の要請は**「ハイ、喜んで」と、二つ返事で引き受ける。**他人に力を貸してあげられるのは素晴らしい人柄です。利他の心を実践できる人です。

「思想が変われば行動が変わり、行動が変われば習慣が変わる。習慣が変われば人柄が変わる。人柄が変われば運命が変わる」。私の大好きな言葉です。始まりはやはり正しい思想です。正しいものの見方、考え方を知ることです。ただし、知識だけでは何の効果もありません。いつでも行動できるレベルまで習慣化すれば、人柄が変わり、成功へ一歩前進です。

成功した人は、いつも輝いておられます。**颯爽としていて笑顔が素敵、頭の先から爪先まで着こなしはハイセンス。**場所にふさわしい服装を心がけておられます。人間の器が大きく、多くの人と交流。健康にも留意し、心身に張りがあって、明朗です。

良いことを習慣づけ、長年にわたって身に付けたのです。それが品格となって醸し出されています。**良い習慣の蓄積が人柄を良くし、成功への力を生むのです。**

122 仏さん

最も尊い仕事は？と問われれば、平和な社会づくりのお手伝いをすることだ、と答えます。真の社会貢献はここにあるのです。

そのとき、金銭の使い道が問題になります。儲けたお金を、どう真の幸福実現のために活かしてゆくのか——。ついつい欲望の奴隷になり、豪華な家に車、美食、豪遊……ドンドン、エスカレートしてしまいがちです。これでは神様の期待、いや天の期待には合致しないのです。**成功者の仲間入りをする人は、正しい道、天の道に合致した行動をとります。**幸運・不運の分かれ道です。

ガリレオの言葉「神なき教育は知恵ある悪魔を作る」を思い出してください。神なき教育は、道徳なき教育に当てはまります。つまり、「道徳心のない人は知恵ある悪魔を作る」。日本では仏様の考えが天の道でしょう。**あの世に旅立つとき、「仏様のような人を亡くした」と周囲の人から別れを惜しんでもらえる人になりたいものです。**

仏様の生き方を目指す人が成功者になります。聖人の教えを学ぶことがとても重要なのです。**正しい道徳と正しい経済活動のバランスを保ち、健全で平和、安心な社会をつくる人こそ、真の成功者なのです。**

この世に生を受けた身として体を大切にし、多くの人と協力し合い、他人の幸せのお手伝いをする。そして、吾唯足知の精神で生活をする。こういう人こそ、社会の宝ではないでしょうか。

日本の現状を憂えています。雇用形態です。全て契約社員化するとか、社員の殆どをアルバイトで賄うなど、どんな理由があるにせよ、正義に反します、自社の利益追求がエスカレートしているのです。

社会全体がそんな雇用形態になれば、結婚が出来ないし、契約打ち切りの心配があって、社会が不安定になります。決して健全とはいえません。

どうかマスコミの方々、もう少し天の声を勉強して、正しい道へ導いてほしいものです。「マスコミよ、目を覚ませ。」と訴えたい。いずれそんな会社はぼろが出るのでしょうが、社会が持たなくなります、急いでほしいのです。

話がそれました。あなたは是非、天の声、聖人の教えを勉強し、正しい理念のもとで羽ばたいてください。人の道に外れた行為だけはとらないでください。

123 正々堂々

神の道、天の道、正義の道、善なる道を正々堂々と誇りを持って歩む。こうい

う人が、最上位のSクラスに到達します。そして、Sクラスの人たちが、この社会を誰にも住みよい健全なかたちに創り上げていきます。

現代はとても便利で快適です。特に電子関係の新しい波はすごい、と感動しきりです。テレビもハイビジョン化され、美しい映像には時間を忘れて見とれてしまいます。携帯端末の機能にも感動します。物質文明の恩恵に浴して、幸せです。

翻って、人の心はどうでしょうか。一部の人たちは欲望をむき出しにして暴走、社会全体の利益など眼中になし、です。好き勝手な道を突っ走り、自己の利益さえ上げれば、何をしても良し。これでは、社会はおかしくなります。世の中が強存強栄、弱肉強食の論理に染まり、戦争勃発の不安さえ頭をよぎります。

今の経済運営はまさに戦争状態です。もっと高い見地から、お互いが助け合い、協力して生活をする。こうした相互扶助、互助の心を取り戻す必要があります。協存協栄の社会をつくる必要があります。強存強栄から協存協栄へ。読みは同じでも、中身は両極です。

今の社会はグローバル・スタンダードという名の競争至上主義。自己中心で、一部の拝金主義の人たちを喜ばせるだけです。額に汗することなく、マネーゲームに狂奔して利益を上げるという異常な欲望社会。時価会計も異常なシステムです。誰も阻止できないのでしょうか。

今こそ、日本古来の襟を正した誠実な商人魂「三方善」の経済論理をジャパニーズ・スタンダードとして世界へ提唱すべきです。力づく、弱肉強食の歪んだ現状を何としても改善する必要があります。マスコミは、日本経済の美徳「三方善」を大いに訴え、世の中を善導してほしいものです。社会の木鐸《ぼくたく》として役割を果たしてほしい、と切に願います。

私たちも社会の健全な発展に寄与し、協存協栄の社会を創るために人生を正々堂々と生きていこうではありませんか。

124 人生を成功させよ

最後までお付き合いくださり、ありがとうございます。

さて「まえがき」で、大切と思う箇所にはラインを入れて読んでください、とお願いしました。これからその部分を何度も読み返して、どうかあなたの血肉としてください。

知っていても行動出来なければ、何の力にもなりません。実行し習慣にするのです。そして成果へつなげるのです。

あなたは社会を、会社をリードするSクラスの人財になるのです。"人並み"では、人生は輝きません。200億円相当の頭脳をフルに使い、知恵を出すのです。知恵こそ時代をリードする力なのです。自分のアイデアで、世間をアッと言わせてください。アイデアはトコトン追求する人、気合を入れて考える人のみ出せるのです。たとえ身近なことでもアイデアを出し、改善する癖を付けてください。

何度も申しました。1%努力する人と1%怠ける人、その差は7倍にもなります。たゆまず努める人に、道は開かれるのです。

儲かるとはどういうことか、改めて触れておきます。多くの人たちが喜び、感動してくれて初めて収入になるのです。お客様の喜びが、利益になるのです。絵を描いても自分が喜んでいるだけでは生活出来ません、お客様が感動し購入してくださって、暮らしが成り立つのです。

経済はハッキリしております。商品・サービス開発のポイントは、自分の好みではありません。お客様の感動を呼ぶかどうかをモノサシにしてください。お客様の満足料が儲けなのです。

あなたは仕事でアイデアを出していますか？　アイデアなきところに成果はあがりません。多くの成果を出して、Sクラスの地位を獲得してください。サラリーマンなら、お勤めの会社で重役を目指してください。目指さないものは近づきません。低い目標は掲げないことです。会社の期待に十二分に応えれば道は開かれます。

一方、ブツブツ言っていては、１００％隅っこへ追いやられます。今の会社で成果を出せない人は他社に行ってもダメ。独立しても、もっと難しくアウトです。独立はそんなに簡単ではありません。

やる気こそ自分の運命を変える力です。やる気になれば何でも出来ます。そして、途中で投げ出さないことです。そうすれば、不可能が可能になります。何事もトコトン打ちこんでください。

元気な心身あってこその人生です。「吾唯足知」の精神で謙虚な姿勢を忘れずに、美食を慎み、飲酒もほどほどにしましょう。仕事に休養をうまく組み合わせ、自然の中で英気を養うことも大事です。健康を維持して、明るく元気に幸福な人生を追求してください。

命を大切に、そしてその命を社会に捧げる覚悟で、今日船出をし直しましょう。あなたの視線の先には、光輝く海が広がっています。

最後にこの言葉を……。「人生を成功させよ」

あとがき

２０１０年1月22日発売の『中高校生の成功哲学』。私が著した、初めての本です。思いがけない大反響に、少し嬉しくなっておりました。11年1月頃、南々社の西元社長より、２作目として大人向けの成功哲学を、と要請がありました。社会人として一生をどう生きるのか、前著では言い尽くせていないのでチャレンジしてみようと、翌月中旬に決意。目次を整理するのに1作目は5日間でしたが、２作目はなんと約２か月半もかかりました。熟考を重ねた結果です。

4月25日、いよいよ執筆開始。1作目と同様、早朝3時55分に起床、サーＧＯＧＯで毎日パソコンに向かいました。ところが、大人向けの文章に、と思うと、なかなか前に進まない。

スタートしてまもなく5月の連休。２月末に購入したばかりの２４０００km走行の中古キャンピングカーで初の遠乗り。我々夫婦の新婚旅行の旅路をたどりました。時の流れの速さを、つくづく実感したものです。この間も、執筆の手を休めることはありませんでした。

旅が気分転換になったはずが、その後も執筆がはかばかしくは進まない。どうすれば？　サーＧＯＧＯでの起床では間に合わないと悟り、就寝を毎晩9時～10

時頃に早めました。4時間眠れば目が覚めるので、午前1時～2時頃に起床。顔を洗い5分間体操をして、約3時間の集中執筆。毎朝、鏡に映す笑顔もやつれが目立ち、寿命を縮めるのでは、と家内が心配していました。

そんな状況で約束の6月末に粗原稿約13万字を書き上げました。『中高校生の成功哲学』が9万字ですから、相当気合の入った内容になりました。それから2か月かけて書き直しを重ね、日付を見れば今日は9月5日。あとがきを書いております。

私は幸せものです。齢67歳。とても元気に生活させていただいています。「明るく元気に幸福に生きる」ことの大切さが、胸にこみ上げてきます。私の元気は異常かもしれません。嬉しい限りです。生きてきて、改めて思います。「人生は少しも難しくない」と。

本書では、60歳までの第一の人生、60歳以降の第二の人生について、生き方の哲学を網羅しました。これらの内容を実行に移し、習慣化されれば、「人生は少しも難しくない」を実感されることでしょう。あなたの人生の輝きに、いくらかでもお役に立つならば、筆者の本望とするところです。

社会人になって50年間、数え切れないほど多くの師・先輩に教えを乞い、お導きをいただきました。おかげで、今日の私があります。そうした「生き方の指南」に、実業人としての私の体験・見聞を重ねて、この本は出来上がりました。感無量です。先輩諸氏に心より感謝申し上げます。

出版の機会を与えてくださった南々社・西元俊典社長、校正・編集でお力をいただいた小沢康甫さんに心よりお礼を申し上げます。お二人には『中高校生の成功哲学』に続いてお世話になりました。感謝

平成23年（２０１１）９月

森田　浩市

森田　浩市（もりた・こういち）

昭和19年（1944）6月4日生まれ、岡山県美作市出身。38年3月、岡山県立林野高等学校（普通科）卒業。38年春～41年秋、レントゲンフィルム販売会社（大阪・現エルク）3年半勤務（18歳～21歳秋）。39年1月、広島営業所へ転勤、以来広島市在住。41年秋～45年春、豆腐屋に住み込み3年半勤務（21歳秋～25歳春）。45年春、販促商品商売20日間で失敗、のち卓上計算機セールス約1年（25歳）。45年10月10日、結婚（26歳）。46年6月25日（27歳）、5坪のカー用品店を創業。50年、（株）モンテカルロ設立。創業以来カー用品の小売り・卸・メーカーの自動車用品の総合商社を目指す。平成9年11月、ジャスダック上場（No.7569）、創業26周年。18年6月、創業35周年、社長を退任、会長。18年12月、森田塾発足。21年7月、相談役。趣味はスキー（1級）、スキューバダイビング、ゴルフ（HD9）、車、音楽鑑賞（JAZZ）、カラオケなど。著書に『中高校生の成功哲学』（南々社）。

森田塾ホームページ&代表 森田浩市ブログ　森田 塾　検索

日本人の為の成功哲學

二〇一一年十一月十三日　初版第一刷発行

著　者　森田　浩市
発行者　西元　俊典
発行所　有限会社　南々社
広島市東区山根町二七－二　〒七三二－〇〇四八
電　話　〇八二－二六一－八二四三
FAX　〇八二－二六一－八六四七
振　替　〇一三三〇－〇－六二四九八
印刷製本所　モリモト印刷株式会社

ISBN978-4-931524-90-3